ハマる戦争に，
　　逃げる平和

―抑止から安心供与の外交へ―

石黒　馨

はしがき

　国際政治は抑止論の呪縛に囚われています。抑止論は軍事能力や同盟国に依存しながら，自国の安全保障を確保しようとします。このような抑止論は安全保障のジレンマに陥り，その先にあるのは戦争です。こうして国際政治は戦争にハマっていきます。戦争にハマれば，国際政治の世界から平和は逃げていきます。ロシアのウクライナへの軍事侵攻は安全保障のジレンマに陥った抑止論の結果です。

　安全保障のジレンマを回避するためには，抑止に偏重した安全保障から安心供与を重視した外交へ国際政治を転換する必要があります。抑止は重要な安全保障ですが，それだけが安全保障ではありません。安全保障には安心供与もあります。抑止は，相手を脅して自国の安全保障を確保する政策です。それに対して安心供与は，相手の不安や恐怖を取り除きながら自国の安全保障を確保する政策です。

　抑止から安心供与に各国の安全保障を転換するためには，国際政治のゲームのルールを変える必要があります。安全保障のジレンマに陥らない国際政治の仕組みを構築することが重要になります。相手が専守防衛に従っている限りは，自国も，専守防衛に徹して，相手の不安を取り除くことが重要です。相手の専守防衛につけ込んで軍事能力を増強して不安を煽ったり，先制攻撃の誤解を招くようなシグナルを送ったりしないことです。

　日本には，安心供与の安全保障を担保する憲法9条があります。憲法9条は国際政治のゲームチェンジャーの可能性を秘めています。戦争放棄と武力不行使を宣言することによって周辺諸国の不安や恐怖を取り除き，戦争回避にコミットしています。このような戦争回避へのコミットメントによって，憲法9条は国際社会に平和国家のシグナルを送っています。憲法9条の意義が世界中に広がっていけば，国際政治のゲームの

ルールを変え，抑止から安心供与に各国の安全保障を転換することができます。

　本書では，抑止だけではなく安心供与が安全保障として重要であることを述べていきます。国際政治が権力／権威による政治価値の配分であり，さらに権力／権威に強制権力が存在する以上，抑止を無視することはできません。しかし，権力／権威には，報償権力や説得も存在します。報償権力を背景にした安心供与に基づく安全保障の方法をもっと検討すべきです。抑止一辺倒では戦争にハマっていきます。平和を維持し，平和を創出するためには安心供与の外交を工夫すべきです。

　本書は 3 部から構成されています。第 1 部では，強制外交と安心供与の外交について検討します。第 1 章では，安全保障に関する主要な議論である強制外交（抑止）と安心供与の外交について説明します。第 2 章では，抑止とは何かについて説明します。抑止の失敗によって戦争になる可能性がどのように起きるかについて説明し，抑止論の限界について検討します。第 3 章では，安心供与について説明します。安心供与の外交と憲法 9 条との関係について説明し，安心供与論の課題について検討します。

　第 2 部では，安全保障のジレンマについて検討します。第 4 章では，戦略分析においてよく引用される囚人のジレンマを取り上げ，ゲーム理論（戦略分析）と安全保障のジレンマの基本的な考え方を説明します。第 5 章では，各国の抑止戦略がどのように安全保障のジレンマに陥るかについて説明し，安全保障のジレンマから抜け出す方法を検討します。第 6 章では，囚人のジレンマゲームから安心供与ゲームへのゲームの転換と，戦争回避のための相互拘束的な制度の重要性について説明します。

　第 3 部では，日本の安全保障政策について検討します。第 7 章では，日本の安全保障政策の基本である専守防衛，集団的自衛権の行使による専守防衛からの逸脱，同様に専守防衛からの逸脱をもたらす反撃能力について検討します。第 8 章では，日米同盟のジレンマについて検討します。

日米同盟のジレンマとは，日本が米国の安全保障に依存すれば，米国の戦争に巻き込まれるリスクが高まり，その一方で米国の安全保障から距離をとれば，いざと言うときに米国から見捨てられる不安が高まるということです。第9章では，北朝鮮の核開発への対応について抑止論と安心供与論によって見ていきます。抑止論によってなぜ北朝鮮の非核化が失敗したのかについて明らかにし，安心供与論によってどのように北朝鮮の核放棄を導くかについて検討します。

　本書の作成には多くの方々のご協力を得ました。学会や研究会の参加者には有益なコメントを頂きました。特に国際政治学の石田淳教授（東京大学）には，草稿を読み安心供与論について多くのアイデアを啓発して頂きました。また出版の際には，本の泉社の浜田和子社長にお世話になりました。これらの方々に深く感謝致します。

2023 年 11 月 6 日
六甲山麓の寓居にて
石黒　馨

目　次

第 1 部

強制外交と安心供与の外交

第1章　安全保障の戦略分析

―――――――― この章の要点 ――――――――

　この章では，安全保障について以下の点を明らかにします。

　① 安全保障に関する主要な議論には，国家間のパワー（強制力）のバランシングを強調する**ネオリアリズム**と，国家間の相互拘束的な制度によるパワー（強制力）の戦略的抑制を重視する**構造的リベラリズム**があります。

　② ネオリアリズムの主要な外交は，強制力やその威嚇を用いる**強制外交**（抑止と強要）です。強制外交では，制裁や報復の威嚇によって相手の行動（武力行使）を制御し安全を確保しようとします。

　③ 構造的リベラリズムの主要外交は，相手に安心を供与/約束することによって同意を求める**安心供与の外交**です。安心供与の外交では，相手の不安や恐怖を取り除いて相手の行動（武力行使）を制御し安全を確保しようとします。

Keywords　安全保障　国際政治　ネオリアリズム　パワーのバランシング　強制外交　構造的リベラリズム　相互拘束的な制度　安心供与の外交　パワーの戦略的抑制　戦略分析　抑止

❶　安全保障の国際政治学

　安全保障とは，国際社会における現状の価値配分を変更しようとする脅威を削減することです。安全保障論には，パワーバランスを重視するネオリアリズムの議論と，相互拘束的な制度を重視する構造的リベラリズムの議論が競合しています。

1）安全保障とは何か

　戦争と平和の問題は安全保障の問題と密接に関係しています。各国の安全保障が十分に機能していれば，国家間の平和が維持されます。しかし，安全保障が機能しなければ戦争になります。**安全保障**とは，国際社会における現状の価値配分を変更しようとする脅威を削減することです（Wolfers 1952，石田 2013: 182）。関係諸国間で現状の価値配分（例えば，領域を区分する国境線）について同意が存在していれば，脅威は存在せず，平和が維持されます。しかし，現状の価値配分に不満がある国家が存在し，その国家が現状変更を試みようとすれば，それは関係諸国の脅威になります。このとき，その脅威を削減するために安全保障が必要になります。有効な安全保障が構築できなければ，戦争になります。

　中国は，東シナ海や南シナ海の現状の領海域（国境線）に不満を持っています。東シナ海の尖閣諸島の周辺海域では公船による領海侵入を繰り返しています。南シナ海の南沙諸島では大規模な埋め立てによって軍事拠点を構築し実効支配を強めています。このような現状変更を試みようとする中国の行動に対しては，日本やベトナムおよびフィリピンなどの周辺諸国には安全保障が必要になります。

　現状変更から生じる脅威を削減する安全保障の問題は国際政治の問題です。ここで**政治**とは，権力／権威によって政治価値（例えば，自由や基本的人権および民主主義）を配分することであり（Easton 1953），**国際政治**は，権力／権威によって国家間で政治価値（例えば，領土や領海）を配分することです。政治価値に対して経済価値（資源や労働力）の配分は，多くの場合，市場（需要と供給）で行われます。

　ただし，国際社会には各国の行動を統制する世界政府（権力／権威）は存在しません。そのため，国際政治は各国の外交によって担われます。外交は国家間の政治であり，強力な権力／権威を持つ国家（大国）ほど，

政治価値の配分を優位に行うことができます。外交によって政治価値を配分したり，現状変更に伴う脅威を削減したりすることに失敗すると，戦争になります。**戦争**とは，外交とは異なる手段を持って継続される政治と言われています（Clausewitz 1832）。

　それでは，権力／権威とは何でしょうか。**権力／権威**とは，相手の意思決定や行動に影響を及ぼす能力のことです。このような力は国家間だけではなく，日常の社会生活における個人間の関係にも存在します。警察官に路上で呼び止められ職務質問をされたとしましょう。このとき，その職務質問が任意であることが分かっていても，多くの場合，その指示に従い立ち止まり質問に応えます。警察官の権力を認めていなければ，無視して立ち止まることはないでしょう。

　この権力／権威には3つのタイプが区別されます（Boulding 1990）。1つめのタイプは，強制力やその威嚇を背景に相手に同意を求める**強制権力**です。これは脅して相手を従わせる能力です。警察官の権力はこのような強制権力です。警察官の職務質問は任意なので拒否することもできます。しかし，明確な理由もなく拒否すればかえって疑いをかけられてしまうので，その権力に従うことになります。

　2つめのタイプは，利益供与を見返りに相手に同意を求める**報償権力**（宮台 1989）です。これは安心・地位・名誉や経済便益の供与によって相手を従わせる能力です。ある地域の民族間で武力対立がある場合に，多数派の民族が少数派の民族の基本的人権や自治権を保証する見返りに，少数派の民族から武装解除の同意を得るような場合です。多数派は，少数派の不安を取り除くこと（安心供与）によって，少数派から武力攻撃される不安や恐怖を取り除くことができます。

　3つめのタイプは，共通の理念や規範に訴えて相手に同意を求める**説得**で，納得させながら相手を従わせる能力です。国連憲章第2条4では，武力による威嚇または武力の行使をすべての加盟国が慎まなければならないと規定しています。そして同条3で，すべての紛争の平和的解決を

義務づけています。このような理念が共有されれば，紛争当事国間で互いに納得のいく紛争解決方法が見いだされる可能性が高くなります。

　国家間の外交では，自国の意図を伝達し，相手国の同意を得ることが重要になります。この外交には，強制権力を用いる**強制外交**，報償権力を用いる**安心供与の外交**，共通の理念や規範に基づく**説得外交**があります。軍事能力や経済力のようなハードパワーを用いる強制外交や安心供与の外交に対して，国際法や慣習法のようなソフトパワー（Nye 2004）を用いるのは説得外交に属します。

2）競合する安全保障論

　安全保障に関する主要な議論には，国家間のパワーバランスを強調するネオリアリズムと，国家間の相互拘束的な制度によるパワーの戦略的抑制を重視する構造的リベラリズム／ネオリベラル制度論があります（Jervis 1999）。

（1）ネオリアリズム

　ネオリアリズムの安全保障論は国家間のパワーバランスを重視します。ネオリアリズムによれば，国家は，アナーキーな国際システムにおいて国益（自国の存続）を追求するために，**パワー（強制力）のバランシング**（balance of power）を行います（Waltz 1979）。国際社会は，各国の武力行使を統制する世界政府が存在しないという意味でアナーキーな国家間のシステムであり，自国の富や安全を自国で守る自助システムです。このような国際社会において国家は，自らの存続のためにパワーを増強して脅威となる諸国に対抗しようとします。大国の脅威が存在する場合には，小国は同盟を形成して，大国の脅威に対してパワーをバランスしようとします。

　第二次世界大戦後に，ソ連邦の脅威に対して米国や西欧諸国は北大西

洋条約機構（NATO）を形成しました。その NATO の形成には，ソ連邦を中心にしたワルシャワ条約機構が対抗しました。冷戦後の東アジアにおける中国の脅威に対して，米国は日米同盟や米韓同盟などによって安全保障を確保しようとしています。ネオリアリズムは，このようなパワーのバランシングによって国家の安全保障を理解します（Lobell 2010）。

　勢力均衡論は，ネオリアリズムによれば国際政治に独自の政治理論です（Waltz 1979：邦訳 155）。この理論の前提には，アナーキーな国際システムにおいて国家は自国の存続を追求するという仮定があります。勢力均衡には，事実としてのパワー分布以外に，政策や理論としての勢力均衡があります（Nye and Welch 2017: 邦訳 110-112）。

　政策としての勢力均衡論は，自国の国益の追求のために意図的に各国間のパワーをバランスさせる政策です。パワーの増大と同盟形成はその手段です。他方，理論としての勢力均衡論によれば，国際システムのパワーは自動的に均衡します。というのは，アナーキーな国際システムにおいて国家は自己保存のために，他の国家が圧倒的なパワーを保有するのを阻止しようとするからです。各国のそのような行動の結果，各国間のパワーは均衡していきます。

　米国は，第二次世界大戦後，封じ込め政策や核抑止政策によってソ連邦に対してパワーをバランスさせる外交政策をとってきました（Ikenberry 2006: 邦訳下 138）。ソ連邦の勢力拡大を阻止するために封じ込め政策を展開し，ソ連邦の核兵器には核抑止で対抗しました。1991年のソ連邦の崩壊までは，米ソ二国間のバランスを維持することによって国際秩序を維持しようとしました。ネオリアリズムの中には，2 大国間のパワーバランスが国際秩序を最も安定させるという議論もあります。

（2）構造的リベラリズム

　構造的リベラリズム／ネオリベラル制度論の安全保障は，国際シス

テムにおけるアナーキーの力学を緩和するような国家間の**相互拘束的な制度**を重視します（Keohane and Nye 1977, Ikenberry 2006: 邦訳上162）。相互に行動を制約する制度やルールを構築することによって，各国はアナーキーに伴うリスクや不確実性を緩和し，**パワー（強制力）の戦略的抑制**を試みようとします。このような相互拘束的な制度やルールが存在すれば，潜在的な脅威に対してパワーをバランシングさせようとする誘因が抑制されます。また突発的な事態による紛争のリスクを削減し，安定した将来関係の予測が可能になります。

　多様な相互拘束的な制度（**複合的相互依存**）が国際社会に構築されれば，軍事能力を背景にした問題解決の領域は狭まり，協調的な国際関係の領域が広がります（Keohane and Nye 1977）。潜在的な対立国の間で相互拘束的な制度が構築されれば，コミュニケーションのために多くの回路がつくられ，各国の安全保障政策に影響を及ぼす機会も増えます。

　このような制度構築によって各国は，政策の自律性や裁量をある程度放棄することになります。しかしそれと引き換えに，自らも脅威でなくなることによって相手国に**安心を供与**し，強制力によることなく同意や協力を得ることができます（Ikenberry 2006: 邦訳下 35）。

　欧米諸国間の相互拘束的な安全保障制度には，北大西洋条約機構（NATO）や欧州安全保障協力機構（OSCE）があります。NATO 創設の政治的誘因はソ連邦の脅威でしたが，この同盟創設には，西側諸国が相互に拘束し合うと共に，米国を欧州に結びつけるという重要な目的がありました（Ikenberry 2006: 邦訳上 167）。

　NATO 加盟国間には，長期的なコミットメントを保証する制度的な拘束があります。市場経済と民主主義を基礎にした制度化された政治秩序が存在しています。ソ連邦崩壊後には，ロシアの NATO 加盟問題も一時浮上しました。ロシアが NATO に加盟していれば，NATO は大国に対するバランシングの手段ではなく，より包括的な相互拘束的な安全保障の制度になっていたかもしれません。

❷　戦略分析とは何か

　戦争と平和の問題を取り扱うには，取扱説明書が必要です。本書では，簡単なゲーム理論によって戦争と平和に関する取扱説明書を書いていきます。**ゲーム理論**とは，複数のプレイヤー間の戦略的状況／相互依存関係を分析し，プレイヤー間の駆け引きを考える数学の一分野です（Brams 1985, Morrow 1994）。経済学や政治学など多くの分野でゲーム理論は用いられています（石黒 2007, 2010, 2019）。

　戦略的状況とは，互いに相手の行動を読み合いながら，自分の行動を決めていくような状況です。分かりやすいのは，囲碁や将棋のような駆け引きです。このような駆け引きの中で自分 A の行動を決めるには，相手 B の行動の背後にある考え方を読み解くことが必要になります。自分 A と同様に，相手 B も自分 A の行動について考えています。将棋の藤井聡太八冠は相手の行動を何十手先まで読み込んでいます。国際社会の戦争と平和の問題では主要なプレイヤーは国家です。ここでは国家間の戦略的状況を分析していきます。

　戦略分析は，国家間の戦略的状況を分析する方法です。戦略分析では，ある国家 A の行動を分析する場合に，国家 A の行動によって相手国 B がどのような行動をするかを予想するだけではなく，相手国 B の行動に影響を及ぼすために国家 A がどのような行動や戦略をとるべきかについて分析します。日本の安全保障を分析する際には，その安全保障政策によって，中国や北朝鮮のような周辺諸国がどのような行動をするかを予想するだけではなく，中国や北朝鮮の行動に影響を及ぼすために日本がどのような戦略をとるべきかについて分析することになります。

　ここで国家の**戦略**とは，自国の行動がもたらす結果について相手国が抱く予想を利用して，相手国の行動を誘導するような意図的な行動や計画です（Schelling 1960: 邦訳 165）。台湾有事における米国の戦略とは，

米国の行動に関する中国の予想に影響を及ぼすことによって，米国の利益になるように中国の行動を誘導することです。米国がどのような行動をとれば，その行動を「中国がどのように予想し，行動するか」を米国は予想します。その上で，米国にとって望ましい行動を中国にとらせることが米国の戦略になります。

このように戦略分析では，国家 A の行動が，相手国 B の行動にどのような影響を及ぼすかを理解しなければなりません。北朝鮮に非核化の行動を選択させるためには，米国の行動が北朝鮮の行動にどのような影響を及ぼすかを理解する必要があります。米国の行動は，北朝鮮の非核化をもたらすのか，それともかえって核開発を促進させてはいないか。北朝鮮が非核化を選択するには，米国にはどのような戦略が必要でしょうか。この問題は，第 9 章で考えましょう。

冷戦後には，国家間の戦争だけではなく，民族紛争やテロリズムのような非国家主体が行う「新しい戦争」（Kaldor 1999）が勃発しました。戦略分析は，このような新しい戦争における民族集団やテロリストのような非国家主体の行動や戦略の分析にも利用されてきました（Fearon 1995, Powell 2002, Enders and Sandler 2006）。多様な非国家主体の登場によって，戦略分析はいっそう重要になってきます。

外交における強制外交（抑止）と安心供与の外交について戦略分析によって簡単に見てみましょう。詳細な検討は第 2 章以降で行います。

❸　強制外交―脅して従わせる

ネオリアリズムの外交は強制外交です。**強制外交**は，相手国に対して強制力やその威嚇を用いる外交です。簡単に言えば，脅して従わせるのが強制外交です。強制外交では，制裁や報復の威嚇によって相手国の行動をコントロールしようとします。相手国にとって最悪の結果（戦争）になる行動（制裁／報復）を選択するという威嚇によって，自国にとっ

て最善の結果（現状）が得られるように，相手国に行動を選択させようとします。強制外交の手段には，軍事能力だけではなく，情報通信技術（情報技術・サイバー技術・宇宙技術）のような非軍事能力も含まれます。

　強制外交は，自国にとって望ましい現状を維持するために行われます。外交における強制 coercion では，抑止と強要が区別されます。**抑止 deterrence** は，自国にとって望ましくない行動（強制力の行使）を相手国に自制させることによって現状を維持します。**強要 compellence** は，自国にとって望ましい行動（強制力の不行使）を相手国に強いることによって現状を維持します（Schelling 1966: 邦訳 73）。例えば，反社会的勢力が暴力で相手を脅してその暴力行為を阻止するのが抑止です。これに対して，相手を脅して経済的利益を要求するのが強要になります。

　図表 1-1 は抑止について簡単な戦略分析を表します（石黒 2019: 3）。より詳細な分析については第 2 章で行います。挑戦国と防衛国の 2 つの国家があるとします。この図は左から右に進みます。最初に挑戦国（ロシア）が，防衛国（ウクライナ）に現状変更（ドンバス地域のロシアへの併合）を要求して①強制力を行使するか，②強制力を行使せずに現状を維持するかを決めます。挑戦国が強制力を行使しなければ，現状が維持され，防衛国の安全は保障されます。

　次に，挑戦国が①強制力を行使し，防衛国の安全が脅かされるとします。このとき，防衛国（ウクライナ）は，強制力の行使に③報復するか，その強制力の行使を受け入れ④譲歩するかを選択します。挑戦国の強制力行使を報復の威嚇によって止められなかった場合には，抑止は失敗し戦争になります。このとき，軍事能力だけではなく非軍事能力も行使されれば，この戦争はハイブリッド戦争になります。ここで抑止とは，防衛国（ウクライナ）が報復的な手段を用いて威嚇すること（③）によって，挑戦国（ロシア）の強制力の行使を阻止すること（②）です。

　抑止は，防衛国（ウクライナ）にとって最善の結果（現状維持）を得るために行われます。挑戦国（ロシア）にとって最悪の結果（戦争）に

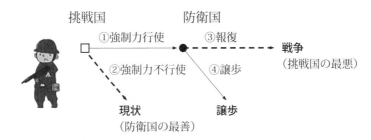

図表 1-1　強制外交

挑戦国　　　　　　防衛国

①強制力行使　　　③報復　　　　　戦争
　　　　　　　　　　　　　　　　　（挑戦国の最悪）

②強制力不行使　　④譲歩

現状　　　　　　　譲歩
（防衛国の最善）

なる行動（報復）を防衛国（ウクライナ）が選択するという威嚇／脅し
によって，挑戦国（ロシア）に行動（強制力の不行使）を選択させるこ
とです。このとき**戦争**は，防衛国の強制力行使の意図を挑戦国が過小評
価する場合に，すなわち強制力によって報復しないだろうと挑戦国が安
易に考えたときに起きます（石田 2013: 142）。

❹　安心供与の外交─不安を取り除く

　構造的リベラリズムの外交は安心供与の外交です。**安心供与の外交**
は，相手国の不安や恐怖を取り除いて同意させる外交です（Stein 1991,
Kydd 2000）。安心供与の外交では，安心（報償）を供与／約束するこ
とによって相手国の行動を誘導しようとします。相手国の不安や恐怖を
取り除き安心を供与することによって，自国にとって望ましくない結果
をもたらす行動（強制力行使）を自制させたり，自国にとって望ましい
結果をもたらす行動（強制力不行使）をとらせたりします。例えば，ロ
シアの不安（NATO の東方拡大）を取り除くことによって，ロシアに
ウクライナへの武力侵攻を自制させるような外交が安心供与の外交にな
ります。

　図表 1-2 は安心供与の外交について簡単な戦略分析を表します。よ
り詳細な分析については第 3 章で行います。挑戦国と防衛国の 2 つの国

第1部　強制外交と安心供与の外交

第2部　安全保障は囚人のジレンマ

第3部　安全保障政策

図表 1-2　安心供与の外交

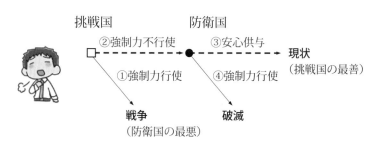

家があるとします。最初に挑戦国（北朝鮮）が，防衛国（米国）に①強制力を行使して戦争を仕掛けるか，②強制力を行使しないかを選択します。挑戦国が強制力を行使すれば，戦争が起きます。挑戦国の防衛国に対する戦争（先制攻撃）は，防衛国にとって最悪の結果とします。すなわち，防衛国（米国）にとっては，現状維持や挑戦国（北朝鮮）の破滅の方が防衛国（米国）が先制攻撃を受けるよりは望ましいと考えています。

　次に，もし挑戦国（北朝鮮）が強制力を行使しなければ，防衛国（米国）は，挑戦国に③強制力を行使せずに安心（現状維持）を与えるか，あるいは④強制力を行使するかを選択します。防衛国が強制力を行使しない現状維持は，挑戦国にとって最善の結果とします。防衛国が強制力を行使する場合には，その先制攻撃によって挑戦国は破滅するとします。ここで安心供与の外交とは，防衛国（米国）が，挑戦国の不安（防衛国の強制力行使による破滅）を取り除くこと（③）によって，挑戦国（北朝鮮）の強制力行使を阻止すること（②）です。

　安心供与の外交は，防衛国にとって望ましくない結果（戦争）を回避するために行われます。挑戦国（北朝鮮）にとって最善の結果が得られるような行動（安心供与）を防衛国が選択することによって，防衛国（米国）にとって最悪の結果（戦争）を回避するように，挑戦国に行動（強制力不行使）を選択させることです。このとき**戦争**は，防衛国の強制力行使の意図を挑戦国が過大評価する場合に，すなわち防衛国が強制力を

図表 1-3　外交政策の選択

防衛国 ＼ 挑戦国	安心供与	抑止
安心供与	(4*, 4*)	(1, 3)
抑止	(3, 1)	(2*, 2*)

注）括弧内の左は防衛国の満足度，右は挑戦国の満足度を表す。

行使するのではないかという不安や恐怖が大きい場合に起きます。恐怖心から戦争が起きるので，戦争回避のためには挑戦国（北朝鮮）の恐怖心を取り除く必要があります。

❺　外交政策の選択

　安全保障論には，抑止論（強制外交）と安心供与論が併存しています。抑止論は，強制力の威嚇によって挑戦国の強制力行使を阻止しようとするものです。この抑止論は，今日では世界各国の基本的な安全保障論です。ロシアは，ウクライナを武力で脅しながらウクライナ南東部の支配を要求し，ウクライナは武力によってロシアの武力行使を阻止しようとしました。安心供与論は，相手国が強制力行使を自制すれば，自国も強制力行使を自制するという安心を与えることによって武力紛争を回避するものです。

　図表 1-3 は，抑止論（強制外交）と安心供与論という 2 つの外交政策の選択をゲーム理論によって表したものです。このようなゲーム理論の詳細については第 4 章で説明します。防衛国（ウクライナ）と挑戦国（ロシア）は，安心供与と抑止という 2 つの外交政策の選択肢を持っています。この図表では，防衛国（挑戦国）の選択肢は第 1 列（第 1 行）に安心供与と抑止の順で表しています。両国の選択によって 4 つの結果（両国の外交政策の組合せ）が起きる可能性があります。

　両国にとって最も望ましいのは結果 1（**図表 1-3** の左上）です。両国

が安心供与の外交を選択する場合で，両国の満足度を（4*, 4*）のように表しています。括弧内の数字の左は防衛国の満足度，右は挑戦国の満足度です。数字が大きいほど満足度は大きくなります。両国が安心供与の外交を選択すれば，安心供与の世界が実現します。この場合には，両国が相手国への安心供与のために軍事能力を削減し，両国の財政負担と戦争のリスクが低下するので，外交政策の他の組合せよりも満足度が両国共に高くなります。

　防衛国にとって最悪なのは結果2（同図表の右上）です。防衛国（ウクライナ）が安心供与の外交を選択し，挑戦国（ロシア）が抑止の外交を選択する場合で（1, 3）です。挑戦国は威嚇のために軍事能力を増大し，防衛国は安心供与のために軍事能力を削減します。軍事上のバランスは挑戦国に優位になりますが，挑戦国は軍事費が増大します。このとき，防衛国の満足度は軍事的劣位のために1に低下し，挑戦国の満足度は軍事費が増大するので3とします。

　挑戦国にとって最悪なのは結果3（同図表の左下）です。防衛国（ウクライナ）が抑止の外交を選択し，挑戦国（ロシア）が安心供与の外交を選択する場合で（3, 1）です。このとき，防衛国は軍事能力を増大し，挑戦国は軍事能力を削減します。軍事上のバランスは防衛国に優位になりますが，防衛国は軍事費が増大します。両国の満足度は結果2と反対になります。

　両国が共に最悪な結果を回避しようとすると，結果4（同図表の右下）になります。これは，両国とも抑止の外交を選択する場合で(2*, 2*)です。両国が抑止の外交を選択すれば，共に軍拡することになります。その結果，両国の財政負担が増大し，戦争のリスクが高まります。両国が抑止の外交を選択する場合は，両国が安心供与の外交を選択する場合よりも，両国の満足度は低下します。

　このような外交政策の選択ゲームでは，相手国の選択に応じて，自国の望ましい選択は異なります。もし挑戦国（ロシア）が抑止の外交を選

択すれば，防衛国（ウクライナ）は，安心供与の外交よりも抑止の外交を選択することになります。なぜなら，軍事費を削減し安心供与の外交を選択すれば，抑止を選択するよりも満足度が低下するからです。しかし，もし挑戦国（ロシア）が安心供与の外交を選択すれば，防衛国（ウクライナ）も，抑止よりも安心供与の外交を選択した方が大きな満足度が得られます。どちらの外交が実現するかは事前には分かりませんが，両国が安心供与の外交をすれば，共に抑止の外交をする結果（2*，2*）よりも，両国にとって望ましい結果（4*，4*）が得られます。

　安心供与の外交を両国が選択すれば，両国にとって望ましい結果が得られそうです。しかし，現実世界では両国共に抑止の外交をとる可能性があります。それはなぜでしょうか。ロシアもウクライナも安心供与の外交を選択しませんでした。このパズルは，第2部の「安全保障は囚人のジレンマ」で検討しましょう。

❻　ウクライナ戦争の教訓

　抑止論と安心供与論は，ロシア・ウクライナ戦争をどのように描き，そこからどのような教訓を導き出しているのでしょうか（石黒 2023）。

　抑止論によれば，ウクライナは，ロシアに対する自衛権や集団的自衛権による防衛力が十分ではありませんでした。その結果，ロシアによる武力侵攻を抑止できませんでした。ウクライナがロシアの武力侵攻を受けたのは，ウクライナが集団的自衛権によって守られていなかったからです。ウクライナがNATOに加盟していれば，集団的自衛権によってロシアの武力侵攻を阻止することができました。

　ウクライナ戦争の教訓として，抑止論は，安全保障のために自国の防衛力強化や同盟国との集団的自衛権を主張することになります。NATOのような同盟国と協力し，ロシアの武力侵攻に対する抑止力を高めなければなりません。日本の場合には，反撃能力の強化や日米同盟が重要な

安全保障になります。

　それでは，**安心供与論**はどのように見ているでしょうか。ロシアがウクライナに武力侵攻を決断した理由は，NATO が東方に拡大し，ウクライナが NATO に加盟しようとしたことにあります。ロシアの武力侵攻は，ウクライナをロシアの勢力圏に留め，ウクライナの NATO 加盟を阻止するためでした。軍事同盟（NATO）の拡大がロシアの不安や恐怖を高め，その武力侵攻を誘発しました。ウクライナは，ロシアの安全保障上の不安や恐怖を取り除くことができず，ロシアの武力侵攻を阻止できませんでした。

　ウクライナ戦争の教訓として，安心供与論は，ロシアに対する安心供与外交の失敗を主張することになります。ロシアの武力侵攻が始まる前の 2021 年 12 月に，ロシアは，米ロ高官協議において NATO の東方不拡大に関する提案をしました。NATO 加盟諸国はこの提案にもっと慎重に対応すべきでした。軍事同盟の強化ではなく，軍事同盟に依存しない安全保障を構築し，戦争を回避する外交が重要になります。日本の場合には，反撃能力の強化や日米同盟の強化ではなく，中国や北朝鮮を含めた周辺諸国との安心供与の外交が重要になります。

いっそうの議論のために

問題1　安全保障の問題がどのような場合に生じるか，日本と中国との関係で具体的な事例を考えてみましょう。

問題2　権力／権威の3つのタイプ（強制権力・報償権力・説得）について，具体的な事例で考えてみましょう。親子関係にはどのような権力関係があるでしょうか。

問題3　戦略分析によって友人関係や恋愛関係について考えてみましょう。LINE の返信に戦略的要素はあるでしょうか。

第2章　抑止─脅して従わせる

―――――― この章の要点 ――――――

　この章では，抑止論について以下の点を明らかにします。

　① **抑止が成功する条件**は，防衛国の報復の信憑性が十分に高いことです。防衛国の軍事能力が大きく，その報復の意思が強いほど，報復の信憑性は高くなり，抑止は成功します。報復の信憑性が十分に低いと，防衛国の抑止は失敗し，挑戦国の武力侵攻を受けます。

　② 抑止において防衛国の**報復の信憑性**を高めるには，防衛国のシグナリング（情報伝達）が重要になります。報復の意思を明確にするために，有効なシグナリングができれば，抑止は成功します。軍事能力は，実際に使われないとしても，報復の意思を示すには重要な役割を果たします。

　③ **抑止論の限界**は，抑止に成功しても失敗しても，安全保障の問題を解決しないということです。軍事能力を増強して抑止に一時的に成功しても，軍拡競争に巻き込まれ，戦争のリスクを高めます。他方，抑止に失敗すれば，武力侵攻を受けます。

Keywords　抑止　強硬派（タカ派）　和平派（ハト派）　報復の信憑性　軍事能力　報復の意思　抑止の条件　戦争の利得　戦争のコスト　現状維持の利得　観衆コスト　予防戦争　強硬派のシグナリング　仕掛け線

❶　抑止の国際関係

　抑止の国際関係について検討しましょう（Zagare and Kilgour 1993, 2000, Morrow 1994: 邦訳 66, 石黒 2019: 3）。挑戦国 CH と防衛国 D が領

図表 2-1　抑止の国際関係

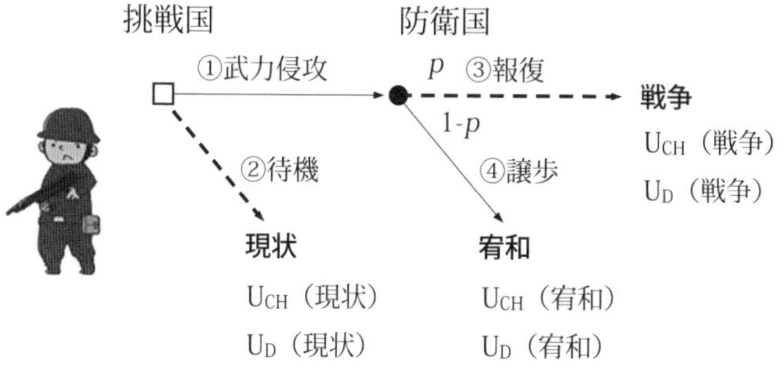

土を巡って対立しているとします。例えば，挑戦国ロシアが防衛国ウク
ライナの領土に侵略するような状況です。ここで**抑止**とは，防衛国が報
復的な手段で威嚇することによって，挑戦国の侵略行動を阻止すること
です。簡単に言えば，防衛国が挑戦国を脅して侵略を排除することです。

　図表 2-1 は挑戦国と防衛国との抑止の国際関係を表します。最初に，
挑戦国が防衛国に①武力侵攻するか，②待機して現状を維持するかを決
めます。挑戦国が武力侵攻せずに待機すれば，現状が維持されます。次
に，もし挑戦国が武力侵攻したとき，防衛国は，武力侵攻へ③報復する
か，その侵攻を受け入れ④譲歩／宥和するかを選択します。挑戦国の武
力侵攻を止められなかった場合には，抑止は失敗します。ウクライナは，
ロシアの武力侵攻を阻止できなかったために，抑止に失敗したことにな
ります。

　抑止の国際関係では 3 つの結果が生じる可能性があります。第 1 に，
挑戦国が武力侵攻せずに現状が維持される場合です。この結果を**現状**と
記し，このときの挑戦国の利得を U_{CH}（現状），防衛国の利得を U_D（現状）
と表します。第 2 に，挑戦国の武力侵攻に対して，防衛国が報復によっ
て対抗する場合です。この結果を**戦争**と記し，挑戦国の利得を U_{CH}（戦
争），防衛国の利得を U_D（戦争）と表します。第 3 は，防衛国が挑戦国
の武力侵攻を受け入れ譲歩する場合です。この結果を**宥和**と記し，この

ときの挑戦国の利得をU_{CH}（宥和），防衛国の利得をU_D（宥和）と表します。これは，ロシアの武力侵攻に対して，ウクライナがドンバス地域の自治権を容認したり，政権をロシアに委譲したりすることです。

このような3つの結果に関する挑戦国の選好（望ましい結果）について検討しましょう。挑戦国はどのような結果を望むでしょうか。挑戦国は現状に不満を持ち，武力侵攻を検討しています。よって，現状よりも防衛国が譲歩する宥和を望むでしょう。しかし，防衛国が報復すると戦争になります。戦争よりも現状を望むとしましょう。そうすると，以下のような挑戦国の**選好順序**が予想されます。U_{CH}（宥和）$= 3 > U_{CH}$（現状）$= 2 > U_{CH}$（戦争）$= 1$（$a > \beta$と記した場合には，aはβよりも望ましいことを意味します）。ここで，3つの結果について最も望ましい結果に3，次善に2，最悪に1の**利得**を割り振っています。数字が大きいほど望ましい結果を表します。

挑戦国ロシアと防衛国ウクライナの関係では次のようになります。ロシアは，ウクライナに対してドンバス地域のロシア人の自治権を要求しました。現状では，その自治権は認められていません。ロシアにとって最も望ましいのは，ウクライナがロシアの要求を受入れて宥和する場合U_{CH}（宥和）です。ウクライナが報復し戦争になれば，ロシアに相当の犠牲者がでます。そうなると，戦争になる場合U_{CH}（戦争）よりも，現状維持U_{CH}（現状）の方が望ましいということになります。

もし挑戦国（ロシア）にとってU_{CH}（現状）が最善の状態であるとすれば，防衛国（ウクライナ）の報復／威嚇がなくても挑戦国は武力侵攻を自制します。このとき，抑止の問題は存在しなくなります。他方，もし挑戦国にとってU_{CH}（現状）が最悪の状態なら，防衛国が報復の威嚇をしても，現状から抜け出すために挑戦国は武力侵攻を止めないでしょう。このとき，抑止が成功する可能性はありません。テロリストの攻撃に抑止が効かないのはこのような場合です（Enders and Sandler 2006）。抑止の国際関係を検討するためには，挑戦国にとって報復─

U_{CH}（戦争）―を受けるよりも，現状―U_{CH}（現状）―が望ましいという前提が必要になります（石田 2010: 368）。

❷　防衛国の強硬派（タカ派）と和平派（ハト派）

　次に，防衛国の選好（望ましい結果）について検討しましょう。防衛国はどのような結果を望むでしょうか。防衛国には強硬派（タカ派）と和平派(ハト派)の2つのタイプがあるとします。どちらのタイプにとっても，現状が最善であるとします。というのは，第1に，防衛国にとって，現状は挑戦国に譲歩/宥和するよりも望ましいからです。そして第2に，報復の威嚇によって現状を維持しようとしているので，現状は戦争するよりも望ましいと考えています。よって，防衛国にとって現状は，挑戦国への報復や譲歩よりも望ましいことになります。

　しかし，挑戦国への譲歩/宥和と報復/戦争では，どちらが望ましいかは防衛国の2つのタイプ，強硬派（タカ派）と和平派（ハト派）で異なります（Morrow 1994: 邦訳 68）。これは，譲歩に伴うコストと戦争に伴うコストをどのように評価するかに依存します。**譲歩のコスト**とは領土の割譲や政治的屈辱などです。**戦争のコスト**とは戦争に伴う兵士・民間人の犠牲や軍事能力の損失などです。最近では，戦争犠牲者のデータが精緻化されています（五十嵐 2023）。

　ここでは，譲歩/宥和よりも戦争を望ましいという選好を持つタイプを**強硬派**と呼びます。強硬派は，譲歩のコストを過大評価し，戦争のコストを過小評価する傾向があります。これに対して，戦争よりも譲歩/宥和を望ましいという選好を持つタイプを**和平派**と呼びます。和平派は，戦争のコストを過大評価し，譲歩/宥和のコストを過小評価する傾向があります。ウクライナ政府は，2022 年 2 月のロシアの武力侵攻に報復したので強硬派と言えます。

　図表 2-2 は強硬派（タカ派）の防衛国の場合を表します。強硬派の

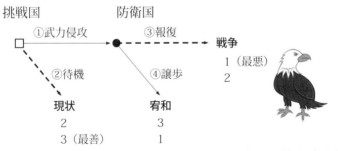

図表2-2　強硬派（タカ派）の防衛国

注）数字の上は挑戦国の利得，下は防衛国の利得。双方が破線のような選択をし，戦争が回避されます。

防衛国とは，挑戦国に譲歩するよりも報復する方が望ましい，すなわち戦争に伴うコスト（兵士・民間人の犠牲や軍事能力の損失）の方が譲歩に伴うコスト（領土の割譲や政治的屈辱）よりも小さいと考えるタイプです。よって，強硬派の防衛国の選好は，U_D（現状）＝ 3 ＞ U_D（戦争）＝ 2 ＞ U_D（宥和）＝ 1 となります。ここで，最も望ましい結果に3，次善に2，最悪に1の利得を割り振っています。

　防衛国が強硬派の場合，防衛国と挑戦国はどのように行動するでしょうか。強硬派の防衛国は，挑戦国が武力侵攻すれば③報復します。このような防衛国の意思を知った時，挑戦国はどのような選択をするでしょうか。挑戦国が武力侵攻すれば，防衛国が報復し，戦争になります。このとき，挑戦国の利得は1で最悪です。もし挑戦国が武力侵攻せずに待機すれば，挑戦国の利得は現状の2（次善の結果）です。したがって，挑戦国は，①武力侵攻して戦争の利得1を得るよりは，②待機して現状の利得2を得ることを選択します。

　以上の結果，防衛国が強硬派の場合には，挑戦国は武力侵攻しないので，防衛国の抑止は成功します。ただし，挑戦国が防衛国の報復を誤って過少評価し，武力侵攻すると**戦争**が起きます。ロシアは，ウクライナの報復を過小評価し（ウクライナ政府が本当は強硬派であるのに，和平派で報復しないだろうと誤認し），戦争に至りました。

図表2-3　和平派（ハト派）の防衛国

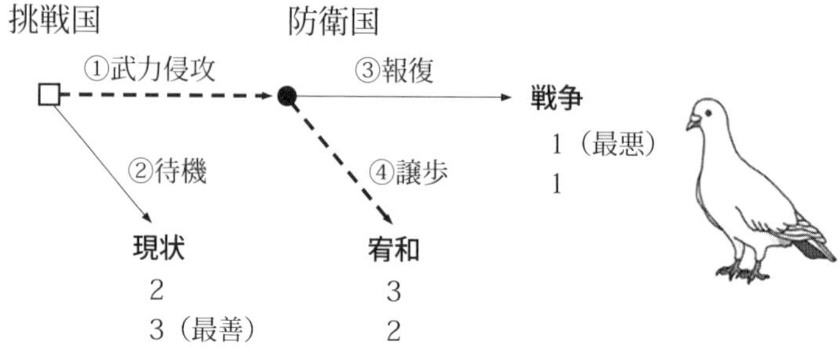

注) 数字の上は挑戦国の利得，下は防衛国の利得。挑戦国が武力侵攻し，抑止は失敗します。

　図表2-3は和平派（ハト派）の防衛国の場合を表します。和平派の防衛国は，挑戦国に報復するよりも譲歩する方が望ましい，すなわち戦争に伴うコストの方が譲歩に伴うコストよりも大きいと考えるタイプです。よって，和平派の防衛国の選好は，U_D（現状）＝ 3 ＞ U_D（宥和）＝ 2 ＞ U_D（戦争）＝ 1 です。

　防衛国が和平派の場合には，防衛国と挑戦国はどのように行動するでしょうか。和平派の防衛国は，挑戦国が武力侵攻すれば，④譲歩します。このような防衛国の選択を知ったとき，挑戦国はどのような行動をするでしょう。挑戦国が武力侵攻すれば，防衛国は譲歩するので，挑戦国は譲歩の利得 3 を得ます。もし武力侵攻せず待機すれば，現状の利得 2 です。したがって，挑戦国は，②現状に留まって 2 の利得を得るよりは，防衛国が譲歩するのを見越して，①武力侵攻して 3 の利得を得ることを選択します。

　以上の結果，防衛国が和平派の場合には，挑戦国が武力侵攻するので，防衛国の抑止は失敗します。ただしこの時，防衛国の譲歩（領土の割譲や政治的屈辱）によって戦争は回避されます。各国が軍事的に対立しても，つねに戦争になるわけではありません。多くの軍事的対立は，何らかの方法によって戦争が回避されています（Blattman 2022）。

❸ 抑止の条件

　次に，より現実的な状況，すなわち防衛国のタイプが強硬派か和平派かについて，挑戦国には事前には分からない場合について検討しましょう（図表 2-1 を参照）。防衛国は，強硬派の場合には報復し，和平派の場合には譲歩します。ここで，防衛国が強硬派である確率を p，和平派である確率を 1-p とします。そして防衛国は，強硬派である確率 p で報復し，和平派である確率 1-p で譲歩するとします。報復の確率 p は防衛国の報復の信憑性を表します。

　報復の信憑性 p は，防衛国の報復の手段（軍事能力）と報復の意思によって決まります。防衛国の**軍事能力**が大きいほど，その報復の信憑性 p は高くなると考えられます。というのは，防衛国の軍事能力が小さいと，報復しても挑戦国に撃退される可能性が大きいので，防衛国が報復する可能性は小さくなるからです。**報復の意思**は，防衛国が何を核心的な価値と考えるかに依存します。挑戦国は，防衛国の強大な軍事能力と強い報復の意思を確信すれば，それだけ報復の信憑性 p が高いと予想します。

　ロシアのウクライナ侵攻において，ロシア（挑戦国）はドンバス地域の併合を求めて武力侵攻しました。ロシアは，ウクライナの軍事能力や NATO 諸国の支援については過小評価し（Daalder and Lindsay 2022），報復の確率は小さいと考えていました。しかし，ウクライナ（防衛国）にとってドンバス地域は核心的に重要な地域です。このとき，ロシアの武力侵攻に対するウクライナの報復の意思は十分に強く，報復の確率は大きくなります。

　防衛国が報復の威嚇によって挑戦国の武力侵攻を阻止するための**抑止の条件**について検討しましょう（図表 2-1）。武力侵攻するか現状に留まるかに関する挑戦国の選択を見ていきます。挑戦国が武力侵攻せずに②現状維持する場合，その利得は U_{CH}（現状）です。他方，挑戦国が①

武力侵攻する場合の**期待利得**は，pU$_{CH}$（戦争）＋（1-p）U$_{CH}$（宥和）です。この第1項は，武力侵攻した場合に，防衛国が③報復する場合の利得です。第2項は，武力侵攻した場合に防衛国が④譲歩する場合の利得です。挑戦国が武力侵攻せずに現状に留まるのは，以下のように現状維持の利得が武力侵攻する場合の利得より大きい場合です。

U$_{CH}$（現状）＞pU$_{CH}$（戦争）＋（1-p）U$_{CH}$（宥和）

これを書き換えれば，**抑止の条件**が以下のように得られます。

$$p > \frac{U_{CH}（宥和）- U_{CH}（現状）}{U_{CH}（宥和）- U_{CH}（戦争）} \qquad \cdots (1)$$

この不等式（1）の左辺のpは報復の信憑性（確率），右辺は挑戦国の**限界リスク**を表します。抑止が成功するためには，防衛国の報復の信憑性pが十分に高いことが必要になります。報復の信憑性pが挑戦国の限界リスクより高い場合に，挑戦国の武力侵攻は阻止され，抑止が成功します。報復の信憑性が十分に低いと，挑戦国が武力侵攻するので，抑止が失敗し，戦争になる可能性があります。

不等式（1）の右辺の限界リスクの分子は，武力侵攻する場合の挑戦国の利益です。その分母は，武力侵攻する場合の挑戦国の損失です。武力侵攻の利益が大きく，武力侵攻の損失が小さいほど，挑戦国は武力侵攻し，抑止は失敗します。ウクライナがロシアの武力侵攻の抑止に失敗したのは，ロシアが，ウクライナの報復の確率pを過小評価し，ロシアの侵略の利益を大きく評価し，さらにロシアの武力侵攻の損失を小さく評価したからです。

不等式（1）の数値例として挑戦国の利得を以下のように想定しましょう。U$_{CH}$（宥和）＝3，U$_{CH}$（現状）＝2，U$_{CH}$（戦争）＝1。このとき，挑戦国の武力侵攻を阻止する条件はどうなるでしょうか。抑止の条件（1）式にこれらの利得を代入すると，以下のようになります。

$$p > \frac{3-2}{3-1} = 0.5$$

　防衛国の報復の信憑性 p が50％を上回れば，防衛国は挑戦国の武力行使の抑止に成功します。挑戦国から見て防衛国が強硬派であるという確率，すなわち報復の確率が50％以上であると判断されれば，防衛国は武力侵攻を阻止することができます。反対に，報復の確率が50％以下であると判断されれば，挑戦国は武力侵攻し，防衛国は抑止に失敗します。

❹　抑止に影響する要因

　抑止の条件（1）式に影響を及ぼす要因について検討しましょう。抑止に失敗すれば，防衛国は譲歩するか戦争を選択することになります。抑止の失敗が続けば，譲歩に限界が訪れ，いずれ戦争になります。

　第1に，挑戦国の**戦争の利得**―U_{CH}（戦争）―が小さいほど，防衛国の抑止は成功します。挑戦国が武力侵攻しても，その戦争で得られる利益が少なければ，挑戦国は武力侵攻しません。**戦争のコスト**が大きくなると，戦争に勝っても，挑戦国の純利益（戦争の利得）は小さくなります。このとき，武力侵攻のインセンティブは低下します。ただし，戦争のコストが大きくなると，より大きな利益（領土や資源）を求めて，挑戦国が戦争を拡大する可能性があります。

　他方で，挑戦国が戦争によって得る利得 U_{CH}（戦争）が大きければ，それだけ武力侵攻のインセンティブが大きくなり，防衛国がその武力侵攻を止めることは難しくなります。ロシア（プーチン大統領）にとってウクライナ侵攻による利得 U_{CH}（戦争）が十分に大きければ，その武力侵攻を阻止するのは難しくなります。ドンバス地域の併合やウクライナ政権の転覆は，ロシアにとって戦争をするに十分に大きな価値があったと思われます。

　第2に，挑戦国の**現状維持の利得**―U_{CH}（現状）―が大きいほど，武力侵攻は阻止されます。他方で，挑戦国が現状に大きな不満を持ってい

るほど，その武力行使の可能性が高まります。挑戦国が現状に不満がある場合には，防衛国は，その武力侵攻を阻止するためには，挑戦国の現状維持の利得を高める必要があります。

挑戦国が武力侵攻を宣言した後に撤退すると，挑戦国の国内で政権批判（**観衆コスト**）を招くことがあります（Fearon 1994）。このような場合に，防衛国が何らかの別の譲歩を提案し，挑戦国が現状に留まる利得を大きくすれば，撤退の可能性を高めることができます。ロシアのウクライナ侵攻において，ロシアは何の成果もなく撤退すれば，国内の政権批判（観衆コスト）が大きくなります。ウクライナや欧米諸国は，ロシアが撤退しやすい環境をつくることが，和平交渉において重要になります。

第3に，防衛国の**報復の信憑性** p が十分に高い場合には，防衛国の抑止は成功します。報復の信憑性は防衛国の軍事能力と報復の意思に依存します。防衛国に集団的自衛権を行使する同盟国が存在したり，防衛国に対する国際社会の支持が大きかったりする場合には，報復の信憑性 p が高くなります。ロシアのウクライナ侵攻において，国際社会はウクライナを支持し，NATO 諸国は軍事的にもウクライナを支援しました。このようなウクライナ支援の可能性が高い場合には，ウクライナの報復の信憑性は高くなります。

反対に，防衛国の報復の信憑性 p が低下すると，防衛国の抑止は失敗します。ロシアのウクライナ侵攻において，ロシアは，ウクライナが報復する確率 p を過小評価し，あるいはウクライナを簡単に制圧できると判断し武力侵攻しました。挑戦国と防衛国とのパワーバランス（軍事バランス）が防衛国に不利になれば，防衛国の報復の確率を過小評価し，挑戦国は武力侵攻を開始します。挑戦国が小国の場合には，将来的にパワーバランスがさらに不利になる前に，武力侵攻を開始する場合があります。これは**予防戦争**と呼ばれます（Fearon 1995, Powell 2006）。

❺　報復の信憑性とシグナリング

　抑止論では，防衛国の報復の信憑性が重要になります。防衛国の報復
の信憑性と，その信憑性を高めるシグナリングについて検討しましょう。

１）報復の信憑性

　防衛国の抑止の成否は，**報復の信憑性** p（防衛国が強硬派である確率）
に依存します（Zagare and Kilgour 1993, 2000）。この信憑性が高いほど，
抑止は成功します。しかし，防衛国が強硬派か和平派か，そのタイプを
挑戦国は観察できません。したがって挑戦国の行動は，防衛国のタイプ
について挑戦国が持つ予想（報復の信憑性）に依存します。

　このような状況で，防衛国の側には，挑戦国の予想を操作しようとす
るインセンティブが生まれます。防衛国が強硬派でも和平派でも，現状
維持が最善の結果です。したがって，強硬派だけではなく和平派にとっ
ても，防衛国が強硬派であると挑戦国に信じ込ませることができれば，
挑戦国の武力侵攻を阻止することができます。

　しかしこのとき，挑戦国側に，防衛国が本当は和平派であるにもかか
わらず，強硬派を装っているのではないか，防衛国の強硬な姿勢はハッ
タリではないかという疑念が生じます。そうすると，和平派の防衛国が
武力侵攻を阻止できないだけではなく，強硬派の防衛国も，その報復の
意思を十分に伝えられず武力侵攻を阻止できなくなります。挑戦国は，
強硬派の防衛国の報復の意思を過小評価し，防衛国を和平派であると誤
認して武力侵攻します。この結果，強硬派の防衛国も抑止に失敗し，**戦
争**になります。

2）強硬派のシグナリング

　このような挑戦国の情報不足から生じる武力侵攻の問題を解決するためには，防衛国が強硬派であることを明確に観察できるようなシグナルを挑戦国に送る必要があります。シグナルは，単なるハッタリではなく，信憑性があることを示さなければなりません。信憑性のある情報伝達には，コストをかけたシグナリングや仕掛け線（Tripwire）の利用があります。こうした防衛国の行動が挑戦国の予見可能性を高めることになります（石田 2023）。

　第1に，**シグナリング**は，報復の信憑性を高めるために行うコストをかけた情報伝達です（Fearon 1995: 396, Slantchev 2011: 31）。強硬派は，和平派にできないような高いコストをかけ挑戦国を信用させる必要があります。単なる威嚇（**チープトーク**）では，和平派のハッタリではないかと信用されないからです。和平派では真似のできないほどのコストをかけたシグナリングには，例えば，軍事費増大・兵力動員・軍事同盟の締結・同盟国への軍事援助などの軍事能力の増強があります。強大な軍事能力は，実際に使われないとしても，報復の意思を示すには重要な役割を果たします。

　防衛国は，軍事費を増大したり軍事能力を強化したりすることによって強硬派であるというシグナルを挑戦国に送ることができます。NATO基準の GDP 比 2%への防衛費の増大は，日本が NATO 並に戦争をする意思があることを周辺諸国に伝えることになります。政府が明らかにした「防衛力整備計画」（2022 年 12 月）には，①12 式地対艦誘導弾能力向上，②高速滑空弾，③極超音速誘導弾，④トマホークなどの反撃能力（敵基地攻撃能力）があります。これらの保持も報復の信憑性を高める手段になります。北朝鮮のミサイル発射実験も，米国や韓国に対する報復の信憑性を高める行動です。

　第2に，**仕掛け線**の利用も報復の信憑性を高めます（Schelling 1966:

邦訳 52）。報復の信憑性は，軍事能力だけではなく報復の意思にも依存します。仕掛け線は，防衛国の報復の意思（タイプ）を行動によって挑戦国に伝達する方法です（石田 2013: 150）。

　仕掛け線の仕組みは，防衛国が得る譲歩の利得 U_D（宥和）を引き下げることによって譲歩の選択を狭め，報復の可能性を高めることです。そうすれば，挑戦国は防衛国を強硬派と理解し，武力侵攻を躊躇します。前線基地への防衛国の軍事部隊の配置は仕掛け線の役割を果たす場合があります。前線部隊が挑戦国に攻撃された場合に，その部隊を見殺しにすれば国内で大きな政権批判―譲歩の利得の低下―を受けます。その批判を回避するために，報復の意思―強硬派の意思―を示す必要があるからです。

　中国の脅威を意識した南西諸島への自衛隊の配置は，仕掛け線として戦略的に配置されている可能性があります。中国が軍事侵攻すれば，日本は中国に対して報復するという意思の表明であり，報復の信憑性を高める行動です。しかし，日本の報復の意思が中国に十分に伝わるかどうかは別の問題です。中国が日本の報復の意思を過小評価し，軍事侵攻することもあります。

❻　抑止論の限界

　安全保障としての抑止論には，以下のような限界があります。

　第 1 に，挑戦国の**戦争の利得**―U_{CH}（戦争）―が分かっている場合には，防衛国は，軍事能力の増強や報復の意思の表明によって，報復の信憑性を高め，挑戦国の武力侵攻を阻止することができます。しかし，挑戦国の戦争の利得を正確に予測することは一般的には困難です。防衛国は，挑戦国の戦争の利得を過少評価する可能性があります。その結果，防衛国が抑止に失敗し，戦争になる可能性があります。

　ウクライナや NATO 諸国は，ロシアの戦争の利得を過小評価した可

能性があります。戦争になれば，多くのロシア兵が死亡し，財政負担も増大します。また，欧米諸国の経済制裁によってロシア経済が衰退する可能性があります。これらの戦争のコストを過大に評価することによってロシアの戦争の利益を過小評価し，ロシアの武力侵攻の可能性を過小評価した可能性があります。他方，挑戦国の戦争の利得を過大評価すれば，防衛国は，抑止のために軍事能力の持続的な増強にハマっていきます。

第2に，挑戦国の不満が大きく**現状維持の利得**—U_{CH}（現状）—が小さいと，武力侵攻を阻止するのが難しくなります。挑戦国が現状に大きな不満を持つほど，その武力行使の可能性が高まります。このような場合には，一時的に軍事能力によって挑戦国を抑圧しても，挑戦国は，機会を伺い武力行使する可能性があります。挑戦国の不満の原因を明らかにし，根本的に問題を解決する必要があります。

北朝鮮の核開発の場合はどうでしょうか？米国は，軍事能力の威嚇によってそれを抑止できるでしょうか。北朝鮮は金正恩体制の存続という点で，現状に大きな不満を持っています。金正恩体制を維持するために，朝鮮戦争の「終戦宣言」，休戦協定の平和協定への転換，米朝国交正常化などを要求しています。これらの要求を解決しない限り，北朝鮮の核開発を抑止するのは難しいでしょう。

第3に，抑止論は，**シグナリング**を通じて軍拡競争を引き起こし，安全保障のジレンマに陥っていきます。防衛国のシグナリングは必ずしも成功するとは限りません。どれだけのコストをかければ，挑戦国が報復の威嚇を信用するかは分かりません。したがって，シグナリングを有効にするために，過大な軍事能力の増強が行われる可能性があります。防衛費の増額や反撃能力の保有は，挑戦国の判断次第であり，限界はありません。

例え防衛国の報復を挑戦国が信用したとしても，それによって防衛国はさらに軍事能力を増強する必要が出てきます。なぜなら，防衛国の軍事能力の増強を確信すれば，挑戦国も軍事能力を増強するからです。米

韓軍事演習によって米韓が北朝鮮を威嚇すれば，それに対抗して北朝鮮はミサイルや核兵器の開発を促進するでしょう。

　第4に，抑止論は，抑止に成功しても失敗しても，安全保障の問題を解決しません。防衛国が軍事能力を増強して抑止に成功しても，挑戦国との軍拡競争に巻き込まれ，安全保障のジレンマに陥ります。他方，防衛国が抑止に失敗すれば，挑戦国との戦争のリスクが高まります。核抑止の場合には，抑止に成功するために核開発競争がおきます。抑止に失敗すれば核戦争の可能性があります。抑止の安全保障には，安定的で平和な国際秩序は存在しません。ここに，抑止論の根本的な限界があります。

いっそうの議論のために

問題1　ウクライナはロシアの武力侵攻を抑止できませんでした。その原因について，ロシアの「戦争の利得」という点から考えてみましょう。

問題2　テロリストのテロ行為を抑止することはできるでしょうか。テロリストの現状への不満（現状の利得）という点から考えてみましょう。

問題3　尖閣諸島への中国の武力侵攻を抑止する場合を考えてみましょう。中国に対する日本の報復の信憑性を高める有効な方法はあるでしょうか。

第3章　安心供与──不安を取り除く

.... この章の要点 ....

　この章では，安心供与について以下の点を明らかにします。

　① **安心供与が成功する条件**は，防衛国が武力行使を自制するという信頼性が十分に高いことです。防衛国の軍事能力が小さく，その自制の意思が強いほど，防衛国の武力行使の自制の信頼性は高くなり，安心供与は成功します。

　② 安心供与において防衛国の**自制の信頼性**を高めるには，防衛国のシグナリング（情報伝達）が重要になります。武力行使を自制するという意思を明確に伝えるために，有効なシグナリングができれば，安心供与は成功します。防衛国の軍事能力の削減は，その自制の意思を示す上で重要な役割を果たします。

　③ **安心供与の課題**は，挑戦国が現状に大きな不満を持っている場合には，安心供与によって挑戦国の武力不行使に一時的に成功したとしても，挑戦国が機会を伺い武力行使する可能性があることです。挑戦国の不満の原因を明らかにし，問題を根本的に解決する必要があります。

Keywords　安心供与　強硬派（タカ派）　和平派（ハト派）　武力行使の自制　自制の信頼性　軍事能力　自制の意思　安心供与の条件　戦争の利得　現状維持の利得　安心供与のシグナリング　憲法9条　チープトーク　安心供与のコミットメント

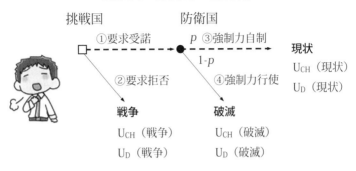

図表 3-1　安心供与の国際関係

❶ 安心供与の国際関係

　敵対的な国際関係における安心供与について検討しましょう（Stein 1991, Kydd 2000）。防衛国は，挑戦国に制裁／報復の威嚇をする場合でも，挑戦国に対して相応の保証／安心を供与する必要があります（Schelling 1966: 邦訳78）。防衛国が，挑戦国に武力行使を自制させるためには，防衛国も武力行使を自制するという保証／約束が必要になります。ここで**安心供与 reassurance** とは，「防衛の場合を除き，強制力行使を自制する」という安心を挑戦国に供与することと引き換えに，「強制力行使をしない」という約束を挑戦国にさせることです。なお安心供与は，敵対国間だけではなく，同盟国間（第8章）においても重要になります（石田 2021）。

　図表3-1は敵対的な国際関係における安心供与を表します。挑戦国（北朝鮮）CH が一方的に現状変更（核開発）しようとしており，防衛国（米国）D は，現状維持（非核化）するように挑戦国に要求するとします。最初に，挑戦国は，防衛国の①要求を受諾するか，あるいは②要求を拒否し現状変更するかの選択をします。挑戦国がその要求を拒否し，現状変更すれば，**戦争**になるとします。

　次に，挑戦国が①要求を受諾した場合に，防衛国は，③強制力行使を

自制するか，あるいは④強制力を行使するかを選択します。防衛国が強制力を行使すれば，挑戦国は先制攻撃を受け**破滅**に至るとします。防衛国が強制力行使を自制すれば，**現状**が維持されます。

　この場合，安心供与とは，防衛国が強制力の行使を自制するという約束／安心の供与によって，挑戦国に現状維持の要求を受諾させることです。**安心供与**は，挑戦国の不安や恐怖，すなわち防衛国が強制力を行使し，その結果，挑戦国が破滅するのではないかという不安や恐怖を取り除くことによって現状を維持する外交政策です。北朝鮮が，核を廃棄すれば，米国に破滅させられるのではないかという恐怖を持っているとすれば，その恐怖を取り除くような外交です。

　北朝鮮の恐怖は，ウクライナが核廃棄をした後にロシアに武力侵攻を受けた事実をみれば，想像できます。1994 年 12 月に合意されたブダペスト覚書は，ウクライナが核不拡散条約に署名し核兵器を放棄した場合には，米国・英国・ロシアがウクライナの安全を保障するというものでした。しかし，ロシアは，ウクライナの安全を保障するどころか武力侵攻しました。

　挑戦国の**選好順序**を以下のように想定しましょう（図表 3-2 参照）。U_{CH}（現状）=3 > U_{CH}（戦争）=2 > U_{CH}（破滅）=1。ここで，最善の結果に 3，次善に 2，最悪に 1 の**利得**を割り振っています。挑戦国にとって現状が最善で，破滅が最悪とします。それは以下の理由からです。もし挑戦国にとって戦争が最善—U_{CH}（戦争）が最大—の場合には，防衛国が強制力行使の自制を約束しても，その要求を挑戦国は拒否するので，安心供与を実現できません。他方，もし戦争が最悪—U_{CH}（戦争）が最小—の場合には，防衛国が強制力行使を自制するという約束をしなくても，挑戦国は要求を受諾するので，防衛国の安心供与は不要になります。

　北朝鮮の場合には，北朝鮮が非核化し，米国が武力行使を自制する場合が最善の結果と考えています。北朝鮮にとって最悪の結果は，北朝鮮が非核化した後に，米国が先制攻撃し，北朝鮮が破滅する場合です。も

し米国が先制攻撃するようであれば，北朝鮮は，その前に米国を先制攻撃しようとするでしょう。

❷ 防衛国の強硬派（タカ派）と和平派（ハト派）

次に，防衛国の選好は以下のように想定しましょう。防衛国には強硬派（タカ派）と和平派（ハト派）の2つのタイプがあるとします。どちらのタイプにとっても，挑戦国に先制攻撃される戦争が最悪であるとします。防衛国にとっては，挑戦国によって先に攻撃される戦争よりも，防衛国が先に攻撃する場合（挑戦国の破滅）の方が望ましいとします。また，戦争回避によって現状を維持しようとする意思があるので，現状維持は戦争よりも望ましいとします。

しかし，挑戦国の破滅と現状維持のどちらが望ましいかは防衛国のタイプによって異なります。ここで，現状維持よりも挑戦国の破滅を望ましいという選好を持つタイプを**強硬派**（タカ派）と呼びます。すなわち，U_D（破滅）$=3 > U_D$（現状）$=2 > U_D$（戦争）$=1$ です。他方，挑戦国の破滅よりも現状維持を望ましいという選好を持つタイプを**和平派**（ハト派）と呼びます。すなわち，U_D（現状）$=3 > U_D$（破滅）$=2 > U_D$（戦争）$=1$ です。北朝鮮の核開発に対して，米国内の議論には軍事的に強硬に対応しようとする勢力と，交渉によって解決しようとする勢力が存在しています。ロシアのウクライナ侵攻に対しても，米英は強硬な態度をとっていますが，独仏伊は必ずしも米英と同じではありません。

図表 3-2 は防衛国が**強硬派**の場合を表します。強硬派の防衛国は，挑戦国が要求を受諾した場合，防衛国が強制力を自制すれば利得は2，強制力を行使すれば利得は3です。よって，強硬派の防衛国は，挑戦国が要求を受諾しても，さらに④強制力を行使するタイプです。このような防衛国の選択を知ったら，挑戦国はどのような選択をするでしょうか。たとえ挑戦国が①要求を受諾しても，防衛国が強制力を行使するので，

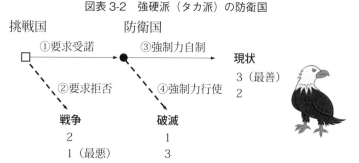

図表 3-2　強硬派（タカ派）の防衛国

注）数字の上は挑戦国の利得，下は防衛国の利得。双方が破線のような選択をし，戦争になります。

挑戦国の利得は1です。他方，挑戦国が②要求を拒否し，先制攻撃して戦争をすれば，その利得は2です。よって，挑戦国は，防衛国の要求を受諾して破滅するよりも，②要求を拒否して戦争を選択するでしょう。

　北朝鮮の場合には，非核化した後に，強硬派の米国が先制攻撃をしてくると予想すれば，その前に非核化を拒否し，核兵器を準備しながら米国を攻撃するでしょう。

　以上の結果，防衛国が強硬派の場合には，挑戦国は要求を拒否するので，防衛国の安心供与は失敗します。安心供与の失敗は戦争です。相手が強硬派（タカ派）の場合には，攻撃される前に挑戦国は戦争を仕掛けます。

　図表3-3は防衛国が**和平派**の場合を表します。和平派の防衛国は，挑戦国が要求を受諾した場合，強制力を自制すれば利得は3，強制力を行使すれば利得は2です。よって，和平派の防衛国は，挑戦国が要求を受諾すれば，③強制力を自制します。このような防衛国の選択を知っている場合に，挑戦国はどのような選択をするでしょうか。もし挑戦国が要求を受諾すれば，防衛国は強制力を自制するので，その利得は3です。他方，その要求を拒否して戦争をすれば，利得は2です。よって，挑戦国は①防衛国の要求を受諾します。

　北朝鮮の場合には，非核化した後に，和平派の米国が強制力行使を自

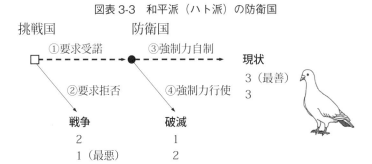

図表3-3　和平派（ハト派）の防衛国

挑戦国　　　　　　　防衛国

①要求受諾　　　③強制力自制　　　現状

②要求拒否　　　④強制力行使

戦争　　　　　破滅

3（最善）
3

2　　　　　　1
1（最悪）　　 2

注）数字の上は挑戦国の利得，下は防衛国の利得。双方が破線のような選択をし，戦争は回避されます。

制すると予想すれば，北朝鮮が非核化の要求を受諾し，現状（非核化）が維持されます。

　以上の結果，防衛国が和平派（ハト派）の場合には，挑戦国が防衛国の要求を受諾し，防衛国は，強制力を自制するという安心／約束を挑戦国に供与します。その結果，戦争は回避され，現状が維持されます。

　防衛国が和平派の場合には，防衛国が強制力行使の自制によって，防衛国の要求を挑戦国に安心して受諾させることができます（**安心供与**の成功）。しかし，防衛国が強硬派の場合には，防衛国が強制力行使を自制しないので，防衛国の要求を挑戦国に受諾させることができず，戦争になります。和平派の防衛国は，その意思を挑戦国に正確に伝達できれば，最善の結果である現状を維持できます。しかし，その意思を正確に伝達できず，強硬派の防衛国と誤認されれば，和平派の防衛国は，最悪の結果である戦争を招くことになります。北朝鮮は，核廃棄後に強硬派の米国によって破滅させられると思えば，先制攻撃してきます。

❸　安心供与の条件

　ではより現実的な場合，すなわち防衛国のタイプが強硬派か和平派かについて，挑戦国には事前には分からない場合について検討しましょう。

防衛国は，強硬派の場合には強制力を行使し，和平派の場合には強制力を自制します。ここで，防衛国が和平派である確率を q，強硬派である確率を $1-q$ とします。そして防衛国は，和平派である確率 q で強制力を自制し，強硬派である確率 $1-q$ で強制力を行使するとします。強制力を自制する確率 q は，防衛国の自制の信頼性を表します。確実に安心が供与されない関係では，この信頼性が重要になります（山岸1998: 50）。

自制の信頼性 q は，防衛国の強制力（軍事能力）と自制の意思によって決まります。防衛国の**軍事能力**が小さいほど，強制力を自制する信頼性 q は高いと，挑戦国は予想するでしょう。というのは，軍事能力が小さければ，強制力を行使しても挑戦国に反撃されるからです。**自制の意思**は，防衛国が何を核心的な価値と考えるかによって異なります。核心的価値が自制によって維持されるのであれば，防衛国は強制力を行使しないでしょう。挑戦国は，防衛国の必要最小限度の軍事能力と強い自制（武力不行使）の意思を確信すれば，それだけ強制力を自制する信頼性 q が高いと予想します。

防衛国が安心供与によって挑戦国に要求を受諾させるための**安心供与の条件**について検討しましょう（図表3-1）。挑戦国が②要求を拒否し戦争する場合，その利得は U_{CH}（戦争）です。他方，挑戦国が①要求を受諾する場合の**期待利得**は，qU_{CH}（現状）$+$（$1-q$）U_{CH}（破滅）です。この式の第1項は，挑戦国が要求を受諾した後に，防衛国が③強制力を自制する場合の利得です。第2項は，受諾した後に防衛国が④強制力を行使する場合の利得です。挑戦国が要求を受諾するのは，以下のように，受諾する場合の利得が拒否する場合の利得よりも大きい場合です。

$$qU_{CH}（現状）+（1-q）U_{CH}（破滅）> U_{CH}（戦争）$$

この式を書き換えれば，**安心供与の条件**が以下のように得られます。

$$q > \frac{U_{CH}（戦争）- U_{CH}（破滅）}{U_{CH}（現状）- U_{CH}（破滅）} \qquad \cdots (2)$$

❹　安心供与に影響する要因

安心供与が成功するのは，不等式（2）の左辺の防衛国の自制の信頼性 q が右辺の値よりも十分に大きい場合です。安心供与の条件（2）式に影響を及ぼす要因について見ましょう。

第1に，挑戦国が要求を拒否し戦争になった場合に，挑戦国の**戦争の利得**—U_{CH}（戦争）—が小さいほど，防衛国の安心供与は成功します。挑戦国が戦争しても，その戦争で得られる利益が少なければ，挑戦国は戦争よりも防衛国の要求を受諾するでしょう。反対に，挑戦国の戦争の利得が大きいほど，挑戦国は防衛国の要求を拒否し，防衛国と戦争することになります。

防衛国は，挑戦国の戦争の利得を縮減することによって，安心供与の外交を成功させることができます。挑戦国による戦争が起きた場合に，国際社会から挑戦国に対する批判や制裁が大きいことが予想される場合には，挑戦国は，防衛国の要求を受諾する可能性が高まります。

第2に，挑戦国の**現状維持の利得**—U_{CH}（現状）—が大きいほど，防衛国の安心供与は成功します。防衛国は，挑戦国が要求を受諾して得られる現状維持の利得を高めることによって，安心供与を成功させることができます。非核化（現状維持）によって，朝鮮戦争の終結協定の締結，米朝平和協定の締結，米朝国交正常化などが実現できれば，北朝鮮は非核化の要求を受諾するでしょう。

現状変更を試みようとした後に挑戦国がそれを撤回すれば，挑戦国の国内で政権批判（観衆コスト）を受けることになります。このような場合に，防衛国が何らかの別の譲歩を提案すれば，挑戦国が現状維持を受け入れる可能性が高まります。2021年12月にロシアが提案した「NATOの東方不拡大」条約に関する協議をNATO加盟諸国が積極的に受け止める必要があったかもしれません。

第3に，防衛国の**自制の信頼性** q が高いほど，安心供与は成功します。

自制の信頼性 q は軍事能力と自制の意思に依存します。防衛国が軍事能力を増強すれば，その自制の信頼性が低下し，防衛国の安心供与は失敗します。他方，戦争放棄や武力不行使の宣言（憲法9条）によって強制力行使を自制する意思を明確に示すことができれば，自制の信頼性 q は高くなります。このような自制の信頼性 q は，防衛国の過去の自制の実績（外交による戦争回避の評判）によっても影響を受けます。

防衛国の自制の信頼性は，国際社会の国際法や慣習およびルールなどにも影響を受けます（Stein 1991）。特定の事案においては強制力を自制するという国際法や慣習法などが存在する場合には，ピア・プレッシャー（仲間内の圧力）によって防衛国の自制の信頼性 q も高くなります（山岸 2000: 147）。挑戦国や防衛国を含む地域協議会—六カ国協議や ASEAN 地域フォーラムなど—において日常的に安心供与の関係が存在することも重要です。このような地域協議会は，継続的で親密な国際関係を形成し，関係諸国間の安全保障に関する情報共有を促進し，武力行使の自制の信頼性を高めます。

❺　強制力自制の信頼性とシグナリング

安心供与が成功するためには，強制力自制の信頼性とその信頼性を伝達するシグナリング（情報伝達）が重要になります。

1）強制力自制の信頼性

安心供与の成否は，防衛国が強制力を自制する信頼性—防衛国のタイプが和平派である可能性—に依存します。**自制の信頼性**が高いほど，安心供与は成功します。しかし，防衛国が和平派か強硬派かを挑戦国は観察できません。挑戦国は，防衛国が強硬派か和平派かを予想するしかありません。こういう状況で強硬派の防衛国には，挑戦国の予想を操作し

ようとする動機が生まれます。防衛国が強硬派でも和平派でも，挑戦国の先制攻撃で始まる戦争が最悪の結果です。したがって，和平派だけではなく強硬派にとっても，防衛国が和平派であると挑戦国に思い込ませれば，挑戦国に要求を受諾させ，そのような戦争を回避することができます。

　しかし，挑戦国側には，防衛国が本当は強硬派であるにもかかわらず，和平派を装っているのではないか，すなわち防衛国の譲歩的な姿勢が偽装ではないかという疑念が生じます。もし防衛国が強硬派であれば，迂闊にその要求を受け入れれば，防衛国の武力行使によって挑戦国は破滅します。リビアのカダフィ大佐は，2003年12月に大量破壊兵器計画の放棄を約束し核放棄した後に，2011年10月にNATOの軍事支援を受けた反政府勢力によって暗殺されました。

　このような状況では，強硬派だけではなく，和平派の防衛国もその安心供与の意思を伝えることができません。挑戦国は，疑心暗鬼から，和平派の防衛国を強硬派と誤認し武力行使する可能性があります。こうして，防衛国は強硬派も和平派も安心供与に失敗し，戦争になる可能性があります。

　ここで安心供与の成否は，和平派の防衛国がその意思を挑戦国に正確に伝達することができるかどうかにかかっています。しかし，和平派を偽装する動機を強硬派が持っていることを挑戦国が見抜いているので，それは容易ではありません。和平派の防衛国は，自国が和平派であることを信頼性のある情報によって伝達する必要があります（Ho 2021: 邦訳19-31）。そうした行動が挑戦国の予見可能性を高めることになります（石田2023）。

2）安心供与のシグナリング

　情報伝達に信頼性を持たせるには，コストをかけた**シグナリング**が必

要になります。安心供与のシグナリングは，強硬派にはできないような高いコストをかけて相手国に安心を与えることです。コストをかけない**チープトーク**（口約束）では相手国が信用しないからです。このようなシグナリングは，和平派を強硬派から区別する機能を果たします。和平派はまた，戦争回避のためにはリスクを冒すことを厭わないという断固とした姿勢を示す必要があります。

　軍隊の撤退は和平派であることを示す有効なシグナリングになります。9.11後の2001年10月に始まったアフガニスタンへの米国の軍事侵攻は，2020年2月の米国と反政府組織タリバンとの政治合意の締結によって終結しました。この政治合意の締結において，アフガニスタンからの米軍の完全撤退の約束が，タリバンにとっては米国を和平派として信頼するかどうかを判断する上で重要でした。

　他方で，軍事圧力をかけながら和平交渉を呼びかけても相手国は信用しません。1965年3月に米国が軍事介入したベトナム戦争は，1973年1月のパリ和平協定の締結によって終結しました。このパリ和平協定とほぼ同じ内容の和平合意案について，1967年に米国から北ベトナムに対して秘密交渉が呼びかけられていました。しかし，北ベトナムはこの和平交渉に応じませんでした。当時の北ベトナムの責任者（チャン・クアン・コ外務省対米政策局長）によれば，米軍による北ベトナムへの空爆が続く中で，北ベトナムは米国を和平交渉の相手として信頼できなかったからです（東 2010: 170）。

　冷戦終結に向けたソ連邦の行動も安心供与のシグナリングの事例として指摘されています（Kydd 2000: 340-351, Montgomery 2006: 178-183）。1985年から1990年にかけてソ連邦が行った一連の行動を，ソ連邦の従来の戦略が冷戦終結に向けた戦略に変わったことを米国に示すための安心供与のシグナリングと解釈するものです。特に重要なソ連邦の行動として，1987年12月のINF条約締結での米国より1000基も多いミサイル廃棄，1988年4月のアフガニスタンからの撤退（西側諸国の

ソ連邦脅威の軽減），1989年の東欧革命への非干渉が指摘されています。

3）憲法9条と軍事能力の削減

　日本の場合には安心供与のシグナリングとして，憲法9条による戦争放棄や武力不行使の宣言（強制力行使の自制の意思）や，軍事能力の大幅な削減などが重要です。

　第1に，**憲法9条**は安心供与の有効なシグナリングになります。憲法9条の戦争放棄や武力不行使の宣言は，その修正や撤回に多大な政治的コストがかかり，容易に変更することはできません。簡単に変更できない**コミットメント**（拘束的な約束）であれば，挑戦国はそれを信頼します（Snyder 1961: 239-258）。独裁者の一存で簡単に変更できる憲法や約束の場合には，たとえ戦争放棄や武力不行使を宣言しても信頼されません。

　安心供与の外交において戦争放棄や武力不行使に関する拘束力のある宣言は重要な意義を持っています。憲法9条を修正したり，あるいはその解釈を政府が容易に変更したりすれば，戦争放棄や武力不行使の信頼性は低下します（阪田2016）。憲法9条を修正し自衛隊を明記すれば，国際社会はどう考えるでしょうか。日本が軍隊を持ち戦争をする国家であると認識し，周辺諸国はそれを前提に行動するでしょう。

　集団的自衛権の行使や反撃能力の保有はどのような意味を持つでしょうか。憲法9条があっても，集団的自衛権の行使を認めてしまえば，米国支援のために，日本は戦争する国家であることを国際社会に宣言することになります。国家安全保障戦略による反撃能力の保有も同様の影響を及ぼします。安心供与の外交において国際社会に不安を与える憲法9条の修正や安易な解釈は有益ではありません。

　第2に，**軍事能力の大幅な削減**は，和平のために大きなリスクをとることを厭わないことを示す行動であり，国際社会に対する安心供与の有

効なシグナリングになります（Montgomery 2006）。軍事能力が低けれ
ば，防衛国が強制力を行使しても，挑戦国が撃退できます。このような
場合には，挑戦国は，防衛国が強制力行使を自制するだろうと予想し，
強制力自制の信頼性を高めます。反対に，防衛費の増大は，軍事能力の
増強に繋がり，強制力行使の自制の信頼性を低下させます。NATO 基
準の GDP 比 2%への防衛費の増大は，日本が NATO 並に戦争をする意
思があることを国際社会に宣言することになります。

　軍事能力は，専守防衛のための必要最小限度に抑えることが重要です。
反対に，攻撃能力のある兵器の増強は，強制力行使の自制の信頼性を損
ないます。反撃能力を専守防衛の範囲内に抑制すると言っても，相手国
が先制攻撃能力と判断する可能性があります。政府が構想する反撃能力
の中には極超音速兵器があります。これは飛行速度がマッハ 5 を超え，
射程距離が 2000 ～ 3000km もあり，先制攻撃能力を備えています。自
衛隊は，他国の国土の壊滅的破壊のために用いられる武器，例えば大陸
間弾道弾（ICBM），長距離戦略爆撃機，攻撃型空母のような攻撃型兵
器の保持を許されていません。このような攻撃型兵器を保有すれば，他
国を侵略する意思を示すことになるからです。

❻ 安心供与論の課題

　抑止論が支配的な国際社会において安心供与の外交を実現するのは必
ずしも容易ではありません。安心供与論には以下のような課題がありま
す。

　第 1 に，挑戦国の**戦争の利得**—U_{CH}（戦争）—が大きい場合には，挑
戦国は防衛国の要求を拒否する可能性があります。挑戦国の戦争の利得
が分かっている場合には，防衛国は，それを考慮して自制の信頼性を高
め，挑戦国に要求を受諾させることができます。しかし，挑戦国の戦争
の利得を正確に予測することは一般的には困難です。防衛国は，挑戦国

の戦争の利得を過少評価する可能性があります。その結果，防衛国は安心供与に失敗し，戦争になる可能性があります。

第2に，挑戦国の不満が大きく**現状維持の利得**—U_{CH}（現状）—が小さい場合には，武力行使を阻止するのが難しくなります。挑戦国が現状に大きな不満を持つほど，その武力行使の可能性が高まります。このような場合には，一時的に安心供与を約束しても，挑戦国は，機会を伺い武力行使する可能性があります。挑戦国の不満の原因を明らかにし，問題を根本的に解決する必要があります。

第3に，防衛国による**強制力自制のシグナリング**は，適切な範囲を正確に予想することは難しく，必ずしも成功するとは限りません。「防衛国が和平派である」と挑戦国が判断できるようなシグナリングのコストは理論的には，強硬派には高すぎて不可能でも和平派には許容できる範囲の高さです（Kydd 2000: 337-340）。しかし，そのようにコストをかけたシグナリング（軍事能力の大幅な削減）も実際には，防衛国の脆弱性の大幅な増大になり，和平派と理解されなければ，挑戦国に攻撃されるというリスクが伴います。

現実には，シグナリングにどれだけのコストをかければ，挑戦国が強制力行使の自制を信用するかは分かりません。理論上計算されたシグナリングのコストには，単純化のために十分に考慮されていない要因も多くあります。特に，挑戦国が防衛国を敵対国家と想定している場合には，挑戦国の敵対国に対する信頼度が重要になります。その信頼度を高めていくのは困難が予想されます。安心供与のシグナリングを有効にするためには，多大なコストとリスクおよび時間が必要になります。

安倍政権は，2019年5月，米朝首脳会談（2018年6月，2019年2月，2019年6月）を受けて，北朝鮮に対して無条件での話合いを提案しました。しかし，北朝鮮からは会談への対応は全くなく，北朝鮮はこの提案を無視しました。北朝鮮からすれば，憲法9条の改正によって軍隊の保持を公然化し，集団的自衛権によって米国と共同で戦争をしようとし

ている安倍政権は，安心を供与するような対話の相手としては信頼性を
欠いていたのです。

　日本が北朝鮮と対話が可能になるには，多大な外交努力と時間が必要
になるでしょう。これまで日本は北朝鮮に対して抑止論によって対応し
問題の解決に至っていません。安心供与の外交に切り替え，軍事能力に
よる威嚇ではなく対話の可能性を探ることが重要です。そのためには，
北朝鮮が日本を信頼するように，コストをかけたシグナリングを工夫し
なければなりません。

（ いっそうの議論のために ）

問題1　北朝鮮に核放棄させる場合に，核放棄後の北朝鮮の不安や
　恐怖（米国による軍事攻撃）をどのように取り除くかという点
　について考えてみましょう。

問題2　憲法9条の意義について，安心供与（武力行使の自制）の
　シグナリングという点から考えてみましょう。

問題3　日本の防衛費増大（2023年度防衛費予算は従来の1.3倍の
　6.8兆円／5年間で従来の1.6倍の43兆円）の安全保障への影響
　について，周辺諸国への安心供与という点から考えてみましょ
　う。

第 2 部

安全保障は囚人のジレンマ

第4章　囚人のジレンマ

―――――――――――― この章の要点 ――――――――――――

　この章では，安全保障論で応用される囚人のジレンマゲームについて検討します。

　① **ゲーム理論**（戦略分析）は，戦略的状況にあるプレイヤー間の駆け引きを考える分析方法です。ゲーム理論で重要な点は，どのような情報を持ったプレイヤーが，どのような行動（戦略）を行い，どのような利益を得るのかという点です。

　② **囚人のジレンマゲーム**とは，プレイヤーが個人の利益を優先して行動する場合に，各プレイヤーの**個人の利益**が，互いに協力して得られる**共通の利益**よりも小さくなるようなゲームです。

　③ **囚人のジレンマ**とは，各プレイヤー（国家）の利益を最大にするような合理的な行動が，プレイヤー全体（国際社会）の共通の利益と相反することです。囚人のジレンマは，安全保障や地球温暖化問題などの多くの領域で観察される現象です。

Keywords　ゲーム理論　戦略的状況　囚人のジレンマゲーム　プレイヤー　戦略　利得　情報構造　合理的な選択　選好順序　個人の利益　共通の利益　支配戦略　ゲームの均衡　ナッシュ均衡　囚人のジレンマ

❶　ゲーム理論

　ゲーム理論（戦略分析）は，戦略的状況にあるプレイヤー間の駆け引きを考える分析方法です（Morrow 1994）。**戦略的状況**では，自分Aの行動を決めるには，相手Bの行動の背後にある思考回路を読み解くこ

とが必要になります。自分Ａと同様に，相手Ｂも自分Ａの行動について考えながら行動しています。互いに相手の行動を読み合いながら，双方がその行動を決めています。これが戦略的状況です。

国際社会では各国は，相手国との戦略的状況において安全保障を決めています。例えば抑止は次のような戦略的状況で行われます。自国Ａが相手国Ｂの武力行使を阻止しようとしているとします。自国Ａは，相手国Ｂが武力行使すれば武力による報復をするという威嚇によって，相手国Ｂに武力行使を止めさせようとします。相手国Ｂは，自国Ａの威嚇にどれくらい信憑性があるかを探ります。その威嚇に信憑性があれば，武力行使を止めますが，信憑性がなければ，武力行使します。自国Ａの抑止が成功するかどうかは，このような戦略的状況下の両国の行動によって決まります。

ゲーム理論が対象にする戦略的状況には，プレイヤー，戦略，利得，情報構造という４つの重要な要素があります。

①**プレイヤー**：最初に，誰がゲームのプレイヤーなのかをはっきりさせる必要があります。米朝核交渉の場合には，北朝鮮政府と米国政府の２人のプレイヤーが想定されます。台湾問題の場合には，中国・台湾・米国の３人のプレイヤーを想定しないと，問題の本質が理解できないでしょう。日本は，米国との日米安全保障条約や集団的自衛権によって第４のプレイヤーとして台湾問題に関係してきます。ただし，問題の設定によっては，日本は台湾問題の主要なプレイヤーになります。そして誰がゲームのプレイヤーでも，相手の行動を読み解く能力がある合理的なプレイヤーが想定されます。

②**戦略**：プレイヤーがどのような選択肢を持ち，どのような戦略を持っているのかを特定します。強制外交の場合（第2章26頁）には，挑戦国は，防衛国に1）武力侵攻するか，2）武力侵攻せず待機するかという２つの選択肢を持っています。防衛国は，挑戦国の武力侵攻に1）報復するか，2）譲歩するかという２つの選択肢を持っています。プレイヤー

は互いに相手の選択や戦略を読み込んで戦略を決めます。

　③利得：プレイヤーの選択の結果，プレイヤーがどのような利得（満足度）を得るのかを明確にします。強制外交の場合（第2章29頁）には，挑戦国と防衛国（強硬派）の選択の結果，現状・宥和・戦争の3つの結果が生じる可能性があります。それぞれの結果について，すべてのプレイヤーの利得を明確にします。この場合には，挑戦国の利得について，現状に2，宥和に3，戦争に1の利得を割り振り，防衛国の利得について，現状に3，宥和に1，戦争に2のように利得を割り振っています。利得は，経済的利益や政治的優位性などゲームによって異なります。

　④情報構造：プレイヤーがどのような情報を持っているのかを明らかにします。外交政策の選択（第1章21頁）では，挑戦国も防衛国も，両国の2つの選択肢（抑止と安心供与）と4つの結果が生じた場合の利得を知っています。しかし両国共に，相手国が抑止を選択するか，安心供与を選択するかを知りません。情報構造では，プレイヤーが何を知っていて，何を知らないのかが重要になります。

　囚人のジレンマゲームでは，以下のような状況を想定しています。①プレイヤー：2人の囚人がプレイヤーです。2人の囚人は，刑期をできるだけ短くしようとしています。②戦略：2人の囚人は，それぞれ犯行の自白と黙秘という選択肢を持っています。相手の囚人がどのような選択をするのかを予想しながら，2人の囚人は行動を決めます。③利得：2人の選択の結果，2人の囚人の刑期が決まります。この刑期が利得です。④情報構造：2人の囚人は，もう1人の囚人が自白と黙秘のどちらを選択するかを知りません。

❷　囚人のジレンマゲーム

　囚人のジレンマゲームとは，各プレイヤーがつねに自己の利益を優先して行動する場合に，各自の個人の利益が，互いに協力して得られる共

通の利益よりも小さくなるようなゲームです。このゲームは，いろいろな状況で応用される有名なモデルです（Rapoport & Chammah 1965）。個人や国家の**合理的な選択**が社会の共通の利益に反する結果を生み出すような状況を扱うことができます。安全保障や地球温暖化問題のように国家間に利害の対立がある場合に，如何にして各国がその対立を克服して協力するかを探る場合に，このゲームは参考になります。

　このゲームは以下のような状況を想定します。銀行強盗のような重大な罪を犯した2人の囚人（容疑者）AとBが，検事の取り調べを受けているとします。この検事は，銀行強盗の犯罪については十分な証拠をつかんでいませんが，車両窃盗のような余罪で起訴できるとします。容疑者が共犯者についての情報提供をすることを条件に刑を軽くする司法取引があります。この制度は日本でも2018年から導入されています。この制度を利用して検事は，2人の囚人（容疑者）を別々に取り調べ，次のように告げます。

　君たちには2つの選択肢がある。1つは銀行強盗の罪を自白する，もう1つはそれを黙秘する。もし2人とも自白すれば，銀行強盗の犯罪が確定し，2人は共に7年の懲役刑を受ける。もし2人とも黙秘すれば，銀行強盗の犯罪は立証されず，2人の刑は車両窃盗で共に1年の懲役刑になる。もし一方だけが銀行強盗の罪を自白すれば，共犯証言の制度によって，自白した方は4ヶ月の軽い刑になるが，黙秘した方は10年の重い刑になる。

　図表4-1は，2人の囚人の選択肢と刑期を表します。囚人Aの2つの選択肢は，第1列の上から黙秘，自白の順に記されています。囚人Bの選択肢は，第1行の左から黙秘，自白の順に記されています。2人の囚人の選択によって4つの結果が起きる可能性があります。ここで，刑期がこのゲームの利得になります。

図表 4-1　囚人のジレンマゲーム；利得表記 1

囚人 A ＼ 囚人 B	黙秘	自白
黙秘	（1 年，1 年）	（10 年，4 ヶ月）
自白	（4 ヶ月，10 年）	（7 年，7 年）

囚人 A　　　　　注）括弧内の左は囚人 A の刑期，右は囚人 B の刑期を表す。　　　　囚人 B

　結果 1（**図表 4-1 の左上**）：2 人とも黙秘を選択する場合で，（1 年，1 年）のように表しています。括弧内の数字の左は囚人 A の刑期，右は囚人 B の刑期です。このとき，2 人共に 1 年の刑を受けます。結果 2（同図表の右上）：囚人 A が黙秘し，囚人 B が自白する場合で，（10 年，4 ヶ月）です。このとき，囚人 A は刑期 10 年，囚人 B は刑期 4 ヶ月です。結果 3（同図表の左下）：囚人 A が自白し，囚人 B が黙秘する場合で，（4 ヶ月，10 年）です。このとき，囚人 A は刑期 4 ヶ月，囚人 B は刑期 10 年です。結果 4（同図表の右下）：2 人とも自白する場合で，（7 年，7 年）です。このとき，2 人とも刑期 7 年です。

　2 人の囚人は**戦略的状況**におかれています。囚人 A はその行動を決める際に，囚人 B の思考回路を読み解く必要があります。囚人 A と同様に，囚人 B も囚人 A の行動について考えながら行動します。互いに相手の行動を読み合いながら，自分の行動を決めます。このような状況で 2 人の囚人は，どのように考えてどのような選択をするでしょうか。ここで，2 人の囚人は，捕まっても自白しないという約束をしているとしましょう。ただし，2 人は隔離されているので，相手が約束を守って黙秘しているのかを確認できません。もう一人の囚人の選択を知らずに，2 人とも選択することになります。

　先に，戦略的状況において重要な要素の 1 つに**情報構造**があることを指摘しました。囚人のジレンマゲームでは，相手の囚人が自白するか黙秘するかの選択を知らずに，自分が自白するか黙秘するかを決めなければなりません。これに対して，強制外交のゲーム（第 2 章 26 頁）では，

最初に挑戦国が，武力侵攻するか武力侵攻せず待機するかを決めます。その行動を確認した後で，防衛国は，挑戦国が武力侵攻すれば，それに報復するか譲歩するかを選択します。囚人のジレンマと強制外交のゲームでは情報構造が異なります。

　囚人Aの立場で考えてみましょう。2人の囚人にとって最も望ましい結果は，共に約束を守って黙秘する場合（結果1）です。そうすれば，2人とも1年の軽い刑期ですみます。しかしここで，もし囚人Bが黙秘するなら，囚人Aは，約束を破って自分だけ自白すれば，4ヶ月の刑期で出所できます（結果3）。反対に，もし囚人Bが裏切って自白するなら，自分Aだけ黙秘すると10年の刑期になります（結果2）。囚人Bが自白するなら，自分Aも自白して7年の刑期の方がましです。このような結果を予想すると，囚人Bが黙秘しても自白しても，囚人Aは，自白を選択した方が良さそうだということが分かります。

　相手の選択にかかわらず，自分に有利な選択を**支配戦略**と言います。囚人Bも囚人Aと同じように考えます。囚人のジレンマゲームでは，2人の囚人にとって自白の選択が支配戦略になります。そうすると結局，事前に黙秘の約束をしていても2人とも自白し，7年の刑を受けることになります（結果4）。

❸　囚人の選好

　この囚人のジレンマゲームを別の形式（**選好順序**）で表してみましょう。それぞれの結果について，囚人Aの刑期を考えてみます。囚人Aにとって，最も望ましい結果は，自分が自白し（黙秘の約束を裏切る），囚人Bが黙秘する結果3（4ヶ月，10年）です。2番目に望ましい結果は，2人とも約束を守って黙秘する結果1（1年，1年）です。3番目に望ましい結果は，2人とも自白する結果4（7年，7年）です。最悪の結果は，自分が黙秘し，囚人Bが自白する結果2（10年，4ヶ月）です。囚人B

図表4-2 囚人のジレンマゲーム：利得表記2

囚人A＼囚人B	黙秘	自白
黙秘	(3, 3)	(1, 4*)
自白	(4*, 1)	(2*, 2*)

囚人A   囚人B

注）括弧内の左は囚人Aの利得，右は囚人Bの利得を表す。

についても，同様に4つの結果についての望ましい順序を表すことがで
きます。

　図表4-2は，このような選好順序をもとに，囚人Aと囚人Bの利得
行列を表しています。ここでは**利得**は，それぞれの結果についての囚人
の望ましさや満足度を表したものです。この利得行列は，次のように数
字を割り振っています。囚人Aと囚人Bにとって最も望ましい結果（刑
期4ヶ月）に一番大きな利得4，2番目に望ましい結果（刑期1年）に
利得3，3番目に望ましい結果（刑期7年）に利得2，最悪の結果（刑
期10年）に利得1です。利得（数字）が大きいほど，それぞれの囚人
にとって望ましい結果を表しています。4，3，2，1の順で，囚人Aと
囚人Bにとって望ましい結果になります。

　この利得行列を用いて，囚人Aと囚人Bの選択をもう一度考えてみ
ましょう。囚人Aの立場に立って考えてみます。最初に，囚人Bが黙
秘する場合（図表4-2の第2列）の囚人Aの利得を考えます。左上（3，
3）と左下（4*, 1）を比べてみましょう（囚人Aの利得は括弧内の左の
数字です）。囚人Aは，囚人Bが黙秘した場合，黙秘すれば利得3，自
白すれば利得4*です。よって，自白した方が利得は大きくなります（4*
＞3：*印は大きい利得を表します）。次に，囚人Bが自白する場合（同
図表の第3列）の囚人Aの利得を考えます。右上の（1, 4*）と右下の（2*,
2*）を比べてみましょう。囚人Bが自白した場合には，黙秘すれば利得1，
自白すれば利得2*です。よって，自白した方が囚人Aの利得は大きく
なります（2*＞1）。

　このような結果から，囚人Bが黙秘しても自白しても，囚人Aは，自白した方が利得は大きくなります。囚人Bの場合も同様に，囚人Aが黙秘しても自白しても，自白した方が利得は大きくなります。先に示したように，自白は，囚人Aにとっても囚人Bにとっても支配戦略です。この結果，2人の囚人はどちらも自白することになります。2人の囚人にとって自白（黙秘の約束を守らない）という選択は，個人の利益になる**合理的な選択**です。

❹　地球温暖化問題と囚人のジレンマゲーム

　地球温暖化問題を囚人のジレンマゲームで考えてみましょう。地球温暖化問題を解決するためには，温室効果ガスである二酸化炭素などの排出を各国で規制する必要があります。2015年12月に二酸化炭素などの排出を規制する**パリ協定**が締結されました。同年9月に国連総会で採択された持続可能な開発目標（SDGs）でも，この問題は最優先課題の1つになっています。日本は，2021年4月に，温室効果ガスの削減目標を2030年度に46%削減（2013年度比）することを明らかにしました。

　図表4-3は2つの国家AとBの2つの選択肢と利得を表しています。国家AとBには，パリ協定を遵守し，二酸化炭素の排出規制をするか，それを遵守せず排出規制をしないかという2つの選択肢があります。各国がパリ協定を遵守すれば，温室効果ガスの排出が規制され，地球温暖化問題を解決することができます。他方，各国は，パリ協定を遵守せずに排出規制をしなければ，排出規制のために必要な企業のコストが削減され，各国の価格競争力を優位に維持することができます。

　このような状況で，国家Aにとって，最も望ましい結果は，自国Aが排出規制をせずに（パリ協定違反），国家Bが排出規制をする結果3（4*, 1）です。2番目に望ましい結果は，両国ともパリ協定を遵守して排出規制をする結果1（3, 3）です。3番目に望ましい結果は，両国とも排出

図表4-3　地球温暖化ゲーム

国家A＼国家B	排出規制	排出非規制
排出規制	(3, 3)	(1, 4*)
排出非規制	(4*, 1)	(2*, 2*)

国家A　　　　注）括弧内の左は国家Aの利得，右は国家Bの利得を表す。　　　　国家B

規制をしない結果4（2*, 2*）です。最悪の結果は，自国Aが排出規制し，国家Bが排出規制をしない結果2（1, 4*）です。国家Bについても，同様に4つの結果についての望ましい順序を表すことができます。

　このような利得行列の状況から，国家Bが排出規制をしてもしなくても，国家Aは，排出規制をしない方が利得は大きくなります。国家Bの場合も同様に，国家Aが排出規制をしてもしなくても，排出規制をしない方が利得は大きくなります。排出規制をしないことは，国家Aにとっても国家Bにとっても支配戦略です。この結果，両国とも排出規制をしないことになります。各国にとってこのような行動は合理的な選択です。こうしてパリ協定は各国によって合理的に遵守されず，地球温暖化が進む可能性があります。

❺　ゲームの均衡

　2人の囚人の合理的な選択の組合せである（自白，自白）―これは2人共に約束を守らない状態―は**ナッシュ均衡**と呼ばれます。これは，相手が選択を変えない限り，自分だけが選択を変えても，利得を増やすことができない選択の組合せです。ノーベル経済学賞（1994年）を受賞したジョン・ナッシュ（1928-2015年）が1950年代に最初に発見した均衡ということで彼の名前がついています。ナッシュについては，彼の半生を描いた映画『ビューティフル・マインド』（2001年のアカデミー賞の作品賞や監督賞などを受賞しています）が制作されています。

　国際政治の分野においてナッシュ均衡を応用し，ゲーム理論によって紛争と協調への理解を深めたのはトーマス・シェリング（1921-2016 年，Shelling 1960, 1966）です。彼も 2005 年にノーベル経済学賞を受賞しています。国際政治の理論分析において今や，ゲーム理論は不可欠の分析手法になっています（Morrow 1994）。本書で扱う囚人のジレンマゲームや安心供与ゲームは，このようなゲーム理論が分析の基礎になっています。

　ゲームの均衡とは，一度その状態になると抜け出すことができない状態を言います。例えば，囚人 A の立場で考えてみましょう。囚人 B が自白する時，囚人 A が自白から黙秘に選択を変えても利得は 2^* から 1 に小さくなります。囚人 A にとって，その選択を自白から黙秘に変えるインセンティブはありません。同様に，囚人 B にとっても自白から黙秘に変えるインセンティブはありません。結局，2 人の囚人の選択の組合せである（自白，自白）の状態が続くことになります。このような状態が均衡状態です。

❻ 囚人のジレンマとは何か

　図表 4-2 を見ると，2 人の囚人が共に黙秘する結果 1 の（3, 3）は，共に自白する結果 4 の（2^*, 2^*）よりも 2 人共に大きな利得（$3 > 2^*$）が得られます。もし 2 人の囚人が互いに協力して選択できるのであれば，2 人の囚人にとって，結果 4 の（自白，自白）よりも結果 1 の（黙秘，黙秘）の方が望ましい結果になります。このとき，2 人の囚人にとって黙秘の選択は，**共通の利益**になる選択です。地球温暖化問題の場合には，パリ協定を各国が遵守して，二酸化炭素の排出規制をすることが国際社会の共通の利益になります。

　囚人のジレンマとは，個人にとって合理的な選択（相手が自白するのではないかという不安からとられる選択）が，互いの共通の利益になる

選択（互いに相手を信頼する選択）と相反することです。2人が互いに協力して黙秘することを約束すれば，2人は共により大きな利益が得られます。しかし，互いに相手が約束を守って黙秘するかどうか確信が持てません。自分が黙秘しているときに，相手が自白するかもしれないという不安があります。このような不安から2人は共に，自分の利益を優先して自白（自分の不安を取り除く行動）を選択します。その結果，相互に信頼して協力すれば得られるより大きな利益を2人は共に逃してしまうことになります。

　囚人のジレンマには，利益に焦点を当てるか，「不安の排除」に焦点を当てるかによって2つの見方が存在しています。1つは，利益に焦点を当てると，個人の利益と両者の共通の利益が両立しないというジレンマがあります。個人の利益を優先すれば，共通の利益は得られません。もう1つは，利益を「不安の排除」としてジレンマを捉える見方です。一方の個人が不安を取り除こうと自白を選択しようとすれば，もう一方の個人の不安（相手が裏切るのではないかという不安）を駆り立て，両者の不安を同時に取り除くことができないというジレンマです。

　地球温暖化問題の場合には，各国が互いに協力して排出削減をすることを約束したパリ協定を遵守すれば，各国により大きな利益が得られます。しかし，互いに他の国がパリ協定を遵守するかどうか確信が持てず，不安になります。自国がパリ協定を遵守しているときに，他の国が協定違反をするかもしれません。このような不安から各国は自国の利益を優先して協定違反する可能性があります。その結果，パリ協定を遵守して協力すれば得られるより大きな利益（地球温暖化の抑制）を国際社会が逃してしまうことになります。

　安全保障のジレンマはこの囚人のジレンマと似ています。各国が協力して軍縮すればより大きな利益が得られます。軍事費を抑制し，戦争のリスクを削減し，平和を維持できます。しかし，相手が約束を守って軍縮するかどうか確信が持てません。自国が軍縮しても，相手国が軍拡す

るかもしれないという不安や恐怖があります。そうなれば自国は軍事的
に不利になります。そのような不安や恐怖から，自国の利益を優先して
軍拡し，戦争のリスクを高めます。その結果，各国が軍縮すれば得られ
るより大きな共通の利益（平和）を手に入れられないのです。こうして，
国際社会は戦争にハマり，平和は逃げています。

いっそうの議論のために

問題1　囚人AとBの不安がどこからくるか，2人の立場に立っ
　て考えてみましょう。

問題2　囚人のジレンマになるような具体的な事例を，友人関係・
　家族関係・社会問題・国際問題の中から考えてみましょう。

問題3　図表4-3の国家AとBの利得が以下のような場合に，両
　国の関係が囚人のジレンマになるか考えてみましょう。

国家A＼国家B	排出規制	排出非規制
排出規制	(4*, 4*)	(1, 3)
排出非規制	(3, 1)	(2*, 2*)

国家A

国家B

注）括弧内の左は国家Aの利得，右は国家Bの利得を表す。

第5章　安全保障のジレンマ

············ この章の要点 ············

　この章では，安全保障のジレンマについて以下の点を明らかにします。

　① **安全保障のジレンマ**とは，自国の安全保障のために軍事能力を増強すると，周辺諸国の不安や恐怖を煽り，その結果，周辺諸国の軍事能力の増強によって自国の安全保障を脅かすだけではなく，国際社会の安全保障をも損なうことです。

　② 安全保障のジレンマから抜け出す方法は，ゲームの構造を変えたり（**ゲームチェンジ**），防衛の場合以外は武力行使しないことにコミットしたりすることです。憲法9条は，戦争放棄と武力不行使にコミットし，安全保障のゲームチェンジャーになる可能性があります。

　③ **応報戦略**は，安全保障のジレンマから抜け出すもう1つの方法です。応報戦略とは，相手国が軍縮すれば自国も軍縮するが，相手国が軍拡すれば自国も軍拡するという戦略です。このとき重要になるのは，自国が軍縮すれば相手国も軍縮するだろうという信頼です。

Keywords　安全保障のジレンマ　相互軍縮　相互軍拡　軍事的劣位，軍事的優位　合理的な選択　支配戦略　ナッシュ均衡　インセンティブ　共通の利益　信頼性の欠如　ゲームチェンジ　コミットメント　応報戦略　緊張緩和の段階的な応報政策（GRIT）

❶　安全保障のジレンマとは何か

　安全保障は，現状（の価値配分）を変更しようとする脅威を削減することです。世界政府が存在しないアナーキーな国際社会では，自国の安全保障上の脅威は自国で排除しなければなりません（Waltz 1979, Mearsheimer 2001）。安全保障上の脅威を削減する方法には，軍事能力の増強や同盟の形成および外交などがあります。各国が安全保障のために軍事能力を増強しようとすると，安全保障のジレンマに陥る可能性があります。

　安全保障のジレンマとは，自国の安全保障（不安や恐怖の排除）のための行動が周辺諸国の安全保障（不安や恐怖の排除）とは両立しないことです。自国が安全保障のために軍事能力を増強すると，周辺諸国の不安や恐怖を煽ります。周辺諸国は，その不安や恐怖を取り除くために軍事能力を増強し，自国の不安や恐怖を煽ります。この結果，一方の不安や恐怖の排除は，他方の不安や恐怖の排除と相反します（Jervis 1978: 169）。

　安全保障のジレンマでは，自国の不安や恐怖の排除が仮想敵国の不安や恐怖をかき立てます。自国も仮想敵国も共に，互いに軍縮した方が，軍事能力がバランスし，相手に不安や恐怖を与えないということが分かっています。しかし，仮想敵国（自国）が軍拡するかもしれないという不安から，自国（仮想敵国）は，軍事的に不利にならないように軍拡します。自国も仮想敵国も，軍事的な不安から軍拡し，この軍拡が互いの不安をさらに高めてしまいます。こうした状況で両国は共に，本当は望まない軍拡を強いられている（Russett 1983: 邦訳 141），と感じるかもしれません。

　こうした安全保障のジレンマは，東アジアにおける日本と中国の関係にも見て取れます。日本も中国も，相互に軍縮した方が，互いに相手に不安や恐怖を与えないということは分かっています。しかし，中国（日本）の軍拡によって日本（中国）の安全保障が脅かされるという不安や

恐怖から，日本（中国）は，軍事的に不利にならないように軍拡します。日本の反撃能力はこのような不安や恐怖に対する軍事的な対応です。しかし，日本が反撃能力を増強すれば，中国は不安や恐怖を感じます。日本も中国も，軍事的な不安や恐怖から軍拡し，この軍拡が互いの不安や恐怖をさらに高めています。

　安全保障のジレンマにおける不安や恐怖は，相手に対する**信頼性の欠如**の問題と関係しています。自国も仮想敵国も，相手を信頼できれば相互軍縮の結果が得られます。しかし自国（仮想敵国）が，仮想敵国（自国）を信頼して軍縮しても，仮想敵国（自国）は軍拡するかもしれません。このような軍事的な不安が安全保障のジレンマを引き起こす重要な要因です。自国も仮想敵国も，相手を信頼できないために軍拡します（Jervis 1978: 172, Mearsheimer 2001: 邦訳56）。しかしこの軍拡は，自国も仮想敵国も，相手国を信頼して軍縮した後に相手国に裏切られる場合（相手国が軍拡して自国が軍事的に不利になる場合）よりは望ましい結果をもたらします。

　安全保障のジレンマには，自国の安全保障（**自国の利益**）のための行動が，国際社会全体の安全保障（**共通の利益**）と相反する側面があります。自国が安全保障のために軍事能力を増強すれば，周辺諸国は軍事能力の増強で対抗してきます。その結果，自国の軍事能力の増強（自国の利益）は，自国を含めた国際社会全体の安全保障（共通の利益）を損ないます。安全保障のジレンマを簡単な戦略分析（ゲーム理論）によって見ていきましょう。

❷　安全保障のジレンマゲーム

　図表5-1は，安全保障のジレンマゲームを表します。この図表には自国と仮想敵国の選択肢（軍縮と軍拡）と利得が示されています。自国の選択肢は，第1列の上から順に軍縮と軍拡です。仮想敵国の選択肢は，

図表 5-1　安全保障のジレンマゲーム

自国 ＼ 仮想敵国	軍縮	軍拡
軍縮	(1, 1)	(−2, 2*)
軍拡	(2*, −2)	(−1*, −1*)

自国　　　　　　　　　　　　　　　　　　　　　　　　　仮想敵国

注）括弧内の左は自国の利得，右は仮想敵国の利得を表す。

第 1 行の左から順に軍縮と軍拡です。両国の 2 つの選択肢によって 4 つの結果が起きる可能性があります。情報構造は，自国も仮想敵国も，相手国の選択肢と利得を知っていますが，相手国が軍縮するのか軍拡するのかを知らないということです。

　4 つの結果が起きた場合の両国の利得を見てみましょう。結果 1（**相互軍縮**）は，両国とも軍縮を選択する場合で，両国の利得は (1, 1) です。このとき，両国は軍縮するので，安全保障上の両国のバランスが均衡し，軍事支出も削減されます。両国共に 1 の利得を得るとします。結果 2（**自国の軍事的劣位**）は，自国が軍縮し，仮想敵国が軍拡する場合で，両国の利得は (-2, 2*) です。自国は，軍縮によって仮想敵国に対して軍事バランス的に不利になるので,自国の利得を -2 とします。他方，仮想敵国は自国に対して軍事バランス的に優位になるので，その利得を 2* とします。

　結果 3（**自国の軍事的優位**）は，自国が軍拡し，仮想敵国が軍縮する場合で，両国の利得は (2*, -2) です。結果 2 と反対に，軍事バランス上で自国は優位になるので利得を 2* とし，仮想敵国は不利になるので -2 とします。結果 4（**相互軍拡**）は，両国が軍拡する場合で，両国の利得は (-1*, -1*) です。両国の軍事バランスは均衡していますが，共に軍事支出が増大し，資源が浪費されるので，共に利得が減少し -1* とします。

　このような状況で，両国はどのような選択をするでしょうか。ここで，両国は利得の最大化を目指し，共に相手国の選択を知らずに自国の選択

をするとします。出発点は，両国が共に軍縮している相互軍縮（結果 1）の状況です。この相互軍縮で，両国は共に 1 の利得を得ています。しかし，仮想敵国が軍拡するかもしれないという不安がある場合に，自国だけが軍縮を維持したらどうでしょう。自国は，軍事バランス上で不利な結果 2 となり，利得は -2 に減少します。このような不安がある場合には，自国も軍拡する方（結果 4 になり自国の利得 -1*）が，軍縮を維持するよりも大きな利得を得られます（-2 ＜ -1*）。他方，仮想敵国が軍縮を維持する場合に，自国だけが軍拡したらどうでしょう。自国は，軍事バランス上で優位な結果 3 となり，2* の利得を得ることができます。

　以上の考察から次のことが分かります。自国は，仮想敵国が軍拡する不安がある場合も軍縮する場合も，軍拡を選択した方が望ましい結果が得られます。軍拡は，自国にとって不安を解消したり，軍事的な優位を得たりする**合理的な選択**であり，**支配戦略**です。仮想敵国についても同様のことが当てはまりますので，結局，両国とも合理的に軍拡を選択し，結果 4 の相互軍拡が実現します。国家間の軍拡競争は，各国の不合理な選択ではなく，合理的な選択の結果なのです。

　両国が合理的に選択した相互軍拡は**ナッシュ均衡**です。この均衡では，仮想敵国が選択を変えない限り，自国だけが選択を変えても，利得を増やすことはできません。例えば，自国の立場で考えると，仮想敵国が軍拡している時に，自国が軍拡から軍縮に選択を変えると，安全保障上不利になり，利得は -1* から -2 に減少します。よって自国には，軍拡から軍縮に選択を変える**インセンティブ**はありません。同様の理由で，仮想敵国も軍拡から軍縮に選択を変えることはないでしょう。こうして，相互軍拡の状態が維持されます。

　図表 5-1 をみると，両国が共に軍縮する相互軍縮は，両国が共に軍拡する相互軍拡よりも大きな利得が得られます（1 ＞ -1*）。もし両国が互いに協力して選択できるのであれば，両国にとって，相互軍拡よりも相互軍縮の方が大きな利得が得られます。両国にとって軍縮の選択は**共**

通の利益になる選択です。ここで，安全保障のジレンマは，各国にとって合理的な選択（軍拡）が，両国にとって共通の利益をもたらす選択（軍縮）と相反することになります。

　安全保障のジレンマにおいて，自国の軍拡は，一方的に軍縮するよりも望ましい合理的な選択です。仮想敵国の軍拡も，その安全保障を考えれば，一方的に軍縮するよりも望ましい合理的な選択です。この結果，両国とも合理的に軍拡することになります。両国は，軍縮によって軍事バランスをとる方が望ましい結果（共通の利益）が得られるにも関わらず，相手国の軍縮に確信が持てず，軍拡という個別に合理的な選択をすることになります。これは囚人のジレンマの構図に似ています。

❸ 安全保障のジレンマは囚人のジレンマ

　この状況が**囚人のジレンマ**と同じ構図であることを確認しましょう（Jervis 1978）。それぞれの結果について，**図表 5-1** で自国の選好順序を考えてみます。自国にとって，最も望ましい結果は，自国が軍拡し，仮想敵国が軍縮する「自国の軍事的優位」（結果 3）です。このとき，自国の利得は 2* で最も大きくなります。2 番目に望ましい結果は，両国共に軍縮する「相互軍縮」（結果 1）です。このとき，自国の利得は 1です。3 番目が両国共に軍拡する「相互軍拡」（結果 4）です。このとき，自国の利得は -1* です。最悪の結果は，自国が軍縮し，仮想敵国が軍拡する「自国の軍事的劣位」（結果 2）です。このとき，自国の利得は -2です。このような選好順序は，仮想敵国についても同じです。

　図表 5-2 は，以上のような自国と仮想敵国の選好順序を利得行列で表しています。この利得行列は，次のように数字を割り振っています。自国と仮想敵国にとって最も望ましい結果に利得 4，2 番目に望ましい結果に利得 3，3 番目に望ましい結果に利得 2，最悪の結果に利得 1を割り振っています。**図表 5-2** の利得行列が，囚人のジレンマの利得行

図表 5-2　囚人のジレンマゲーム

自国＼仮想敵国	軍縮	軍拡
軍縮	(3, 3)	(1, 4*)
軍拡	(4*, 1)	(2*, 2*)

自国　　　　　　　　　　　　　　　　　　　仮想敵国

注）括弧内の左は自国の利得，右は仮想敵国の利得を表す。

列（図表 4-2，62 頁）とまったく同じであることが分かります。

　国際社会では，囚人のジレンマの場合の囚人とは異なり，各国間でコミュニケーションが行われ，外交が可能です。軍備管理や軍縮に関する国際条約を締結したり，安全保障レジームを作ったりすることもできます。安全保障レジームを維持することによって得られる共通の利益によって対立を抑制したり封じ込めたりすることができます（Jervis 1982: 366）。したがって，各国の選択が共通の利益と相反するとは限りません。また，すべての軍備管理や軍縮交渉が囚人のジレンマの構造になるわけでもありません。

　しかし，囚人のジレンマの状況は安全保障の多くの場面で見られます。というのは，たとえ軍縮協定や安全保障レジームおよび軍事同盟を締結したとしても，各国にそれを破棄するインセンティブがあるからです。**攻撃的リアリズム**によれば，国家はパワーの最大化を求めます。国家の目標は他国よりも大きなパワーを持つことです（Mearsheimer 2001: 邦訳 43）。各国は，相手国が軍縮協定を維持する場合には，一方的に軍拡した方が軍事バランスを優位にできます。相手を欺く誘惑にどの国家も駆られます。どちらかの国が軍拡した場合，相手国の合理的な対応は軍拡です。こうして，軍縮協定は破綻する可能性があります。

　歴史上，多くの軍縮条約や軍備管理条約が破綻してきました。日本は，1934 年 12 月に各国の主力艦の数量比率を規制したワシントン海軍軍縮協定を戦時体制が強まるなかで破棄しました。1987 年に米ソ間で締結された中距離核戦力全廃（INF）条約は，ロシアの条約違反や，この条

約の未締結国である中国のミサイル保有の増大を理由に，2019年9月に米国が一方的に破棄しました。軍縮協定の破綻は何が契機になるかは分かりません。

❹　安全保障のジレンマからの脱却

　安全保障のジレンマから抜けだし，各国の相互協力を実現するのは容易ではありません（Jervis 1978, Montgomery 2006）。しかし，いくつかの方法があります。第1は，各国の選好順序を変え，囚人のジレンマの構造を転換すること（ゲームチェンジ）です。第2は，たとえ囚人のジレンマの構図から抜け出せなくても，各国が応報戦略を採用することによって協力関係を構築することです。

1）ゲームチェンジ

　第1に，各国の**選好順序**や**行動**を変えることができれば，囚人のジレンマの構造を転換することができます。ネオリアリズムの世界では，国家は，国際システムの構造を変えることによってしか，その罠から抜け出すことはできません（Waltz 1979：邦訳146）。憲法9条は戦争放棄や武力不行使を宣言しています。憲法9条を基礎にした日本の安全保障政策は専守防衛です。相手国が軍縮してきたら，自国も軍縮するという専守防衛を各国が徹底すれば，囚人のジレンマの構造から抜け出すことができます（Guala 2016: 邦訳124）。

　憲法9条は，囚人のジレンマに陥っている各国の選好順序を変えることができます。囚人のジレンマの選好順序では，仮想敵国が軍縮した時に，自国は軍拡して軍事的優位を得ようとします（自国の軍事的優位＞相互軍縮）。ゲームチェンジのためには，このとき自国は軍拡ではなく，専守防衛を堅持し，必ず軍縮で応えること（相互軍縮＞自国の軍事的優

位）が重要になります。ただし，専守防衛を宣言／約束しても，それに信頼性がなければ，仮想敵国は信用しません。憲法9条の堅持は，その約束に日本がコミットすることを保証し，日本の信頼性を高めます。集団的自衛権の行使や反撃能力の保持による憲法9条の形骸化は，その信頼性を損ないます。

　憲法9条には選好順序を変えるほかに，日本の行動を制約する**コミットメント効果**があります。相手の行動を予想しながら軍拡か軍縮かの選択を決めるのではなく，憲法9条によって事前に軍拡の選択肢を排除することです。**コミットメント**（拘束的な約束）とは，自分の選択肢を狭めることによって，相手の選択肢を狭めることです。その結果として，自分に有利な選択を相手にとらせることができます。コミットメントは，不利な「支配戦略」から脱却し，有利な結果を導く1つの方法です。

　仮想敵国が軍縮したら自国も軍縮すると決めていても，軍拡した方が自国の利益になるのであれば，軍拡する可能性が出てきます。仮想敵国がそのような自国の軍拡（仮想敵国の不安や恐怖）を予想すれば，仮想敵国は軍縮しなくなります。憲法9条で事前に軍拡を排除しておけば，そのような仮想敵国の不安や恐怖を取り除くこと（**安心供与**）ができます。憲法9条の修正は，このコミットメント効果を失うことになります。

　ただし，日本の選好順序や行動だけを変えても不十分です。仮想敵国も選好順序や行動を変えなければなりません。その際に，武力不行使や戦争放棄の国際法や国際規範の存在は，各国の選好順序や行動を変えるうえで重要な役割を果たします（Stein 1991）。「仮想敵国が軍縮したら，日本は必ず軍縮で応える」という約束（安心供与）を仮想敵国が確信できれば，仮想敵国の選好順序や行動も変わる可能性があります。各国の選好順序や行動を変更できれば，ゲームの構造を囚人のジレンマゲームから「安心供与ゲーム」に転換することができます。このような転換（**ゲームチェンジ**）が可能なことは，個人を基礎にした集団の実験では多くの研究が明らかにしています（山岸 2000: 152）。

　防御的リアリズムによれば，国家は，パワーの最大化を求めるのではなく，安全保障の確保のためにパワーをバランスしながら現状を維持するインセンティブを持っています。防御的リアリズムは，パワーの最大化を主張する攻撃的リアリズムとは異なり，軍縮には軍縮で応えるという国家間の協力の可能性を示しています（Glaser 1994/95，Jervis 1999，Lobell 2010）。

2）応報戦略

　第2に，各国の選好順序が変わらない場合には，応報戦略によって協力関係を築くことが考えられます。**応報戦略**とは，仮想敵国が軍縮すれば自国も軍縮するが，仮想敵国が軍拡すれば自国も軍拡するという戦略です（Axelrod 1984，Taylor 1987）。応報戦略は，相手の行動を変えさせることを目的として意識的にとられる戦略です。すなわち，この戦略は相手の選好順序を変えるのではなく，その行動を変えさせる戦略です。国家の安全保障上の選好を変えるには時間がかかりますが，その行動（選択）は相手国からのインセンティブによって変えることができます。

　応報戦略では，最初に，自国がこの戦略をとることを仮想敵国に知らせます。仮想敵国が軍縮すれば，自国も軍縮するので，相互軍縮の結果が得られます。他方，仮想敵国が軍拡すれば，自国も軍拡することになるので，相互軍拡の結果になります。このとき，仮想敵国の選択は，相互軍拡で利得を減らすか，あるいは相互軍縮で利得を増やすかになります。仮想敵国が合理的に判断するとすれば，高い利得（相互の不安や恐怖の排除）を目指して相互軍縮を選択します（山岸 2000: 60, 145）。

　相互の脅威と不安／恐怖を徐々に軽減する具体的な外交政策としてオズグッド（Osgood 1962）は，**緊張緩和の段階的な応報政策**（GRIT）を提唱しました。この政策では，最初に自国が限定された譲歩（軍縮）政策を示し，その事実を仮想敵国に伝えます。その後で，その見返りと

して仮想敵国に譲歩を求めます。仮想敵国がその要求（譲歩）を拒否し軍拡してきた場合には，その行動（軍拡）の程度に応じて自国は仮想敵国に報復します（Russette 1983: 邦訳 150）。

応報戦略では，各国間で相互協力（不安や恐怖の排除）が成立するためには，自国が軍縮すれば仮想敵国も軍縮するだろうという，相手に対する信頼が重要になります（山岸 2000: 58）。攻撃的リアリズムの前提は他国を出し抜こうとする国家です。これに対して**防御的リアリズム**の前提は，暗黙のコミットメントを反故にしないという確信を各国が持っていることです（Jervis 1982: 366）。防御的リアリズムは，自助努力の選択肢の1つとして相互協力を否定していしません（Glaser 1994/95: 58-60）。自国が軍縮する場合に，仮想敵国がそれにつけ込まないという信頼が持てるかどうかが重要です。強制力行使の自制の信頼性を十分に高くすることができれば，各国間の相互協力の実現も可能です。

安全保障のジレンマの解決において障害になるのは，**信頼性の欠如**です。安全保障のジレンマの解決には，相互の信頼性を高めることが重要になります。相手につけ込まれないかという不安や恐怖を抱いている仮想敵国に,「軍縮しても大丈夫だよ」という安心を与えること（**安心供与**）ができれば，安全保障のジレンマの解決に繋がります。軍拡にコストをかけるよりも，安心供与の具体的な方法を工夫すべきです。

> ## いっそうの議論のために
>
> **問題1** 「安全保障のジレンマは囚人のジレンマである」とは，どのような意味かについて考えてみましょう。
>
> **問題2** 安全保障のジレンマからの脱却において，憲法9条が果たすコミットメント効果とは何かについて考えてみましょう。
>
> **問題3** 安全保障のジレンマから脱却する1つの方法に応報戦略があります。応報戦略とは何かについて，友人関係や家族関係の中で具体的に考えてみましょう。

第6章　安心供与ゲーム

―――― この章の要点 ――――

　この章では，安心供与ゲームについて以下の点を明らかにします。

　① **安心供与ゲーム**とは，相手が軍拡で威嚇すれば，自国も軍拡で対応しますが，相手が軍縮（安心供与）すれば，自国も軍縮（安心供与）で対応するようなゲームです。囚人のジレンマゲームとは異なり，相互軍縮が可能なゲームです。

　② **戦争回避**のためには，囚人のジレンマゲームから抜け出し安心供与ゲームにゲームを転換することが重要です。ゲームの転換には，国際社会における複合的相互依存関係の深化や，応報戦略による相互の安心供与が重要になります。応報戦略とは，相手が軍縮（安心供与）すれば，自国も軍縮（安心供与）で対応する戦略です。

　③ 戦争回避のためにはさらに，**相互拘束的な制度**を構築し，各国のパワー（強制力）を戦略的に抑制することが重要になります。相互拘束的な制度とは，国際協定や国際ルールおよび国際機関などによって関係諸国の行動を調整し，各国の政策の自律性を制限するものです。

Keywords　安心供与ゲーム　相互軍縮　相互軍拡　応報戦略　パレート優位　先制攻撃ゲーム　恐怖心　先制攻撃の優位性　防御的リアリズム　攻撃的リアリズム　複合的相互依存　戦争の機会費用　相互拘束的な制度　ゲームチェンジ

❶ 安心供与ゲームとは何か

囚人のジレンマゲームでは，各国の合理的な選択の結果として，各国は相手国の行動にかかわらず軍拡します。しかし，各国はつねに囚人のジレンマに陥り，軍拡するとは限りません。**安心供与ゲーム**は，相手が軍拡で威嚇すれば，自国も軍拡で対抗しますが，相手が軍縮すれば，自国も軍縮で対応するようなゲームです。このような両国の選択の結果としてこのゲームでは，**相互軍拡**（軍拡，軍拡）と**相互軍縮**（軍縮，軍縮）という2つの均衡が存在します。

朝鮮半島における北朝鮮と米国の安全保障政策を見ると，北朝鮮が，核兵器や巡航ミサイルおよび弾道ミサイルの開発を促進し，それに対抗して米国が，韓国との軍事同盟を強化し米韓合同軍事演習（2023年3月に「フリーダム・シールド（自由の盾）」）を行っています。両国の関係は相互に軍拡し，囚人のジレンマに陥っているようです。両国の関係はこれ以外にはないのでしょうか。両国が共に軍縮するような関係を考えてみましょう。

図表6-1は，自国と仮想敵国の安心供与ゲームを表します。ただしKyddは，これを信頼ゲーム（Trust Game）と呼び，安心供与ゲームを別に検討しています（Kydd 2005, 2015）。ここで，両国は軍縮と軍拡という2つの選択肢を持っています。囚人のジレンマゲームと同じように，自国と仮想敵国は，共に軍縮を選択する場合の相互軍縮の利得（4^*, 4^*）は，共に軍拡を選択する場合の相互軍拡の利得（2^*, 2^*）よりも望ましい状態を表しています。

安心供与ゲームが囚人のジレンマゲームと異なるのは，各国の**選好順序**です。囚人のジレンマゲームでは，仮想敵国が軍縮した場合には，自国は，軍縮して相互軍縮するよりも軍拡して軍事的に優位になる方が望ましいと考えています（自国の軍事的優位 ＞ 相互軍縮）。これに対して安心供与ゲームでは，仮想敵国が軍縮（安心供与）した場合には，軍

図表 6-1　安心供与ゲーム

自国 ＼ 仮想敵国	軍縮	軍拡
軍縮	(4*, 4*)	(1, 3)
軍拡	(3, 1)	(2*, 2*)

自国　　　　　　　　　　　　　　　　　　　　　　　　仮想敵国

注) 括弧内の左は自国の利得, 右は仮想敵国の利得を表す。

拡して軍事的に優位になるよりも，自国も軍縮（安心供与）して相互軍縮する方が望ましいと考えています（相互軍縮 ＞ 自国の軍事的優位）。

　安心供与ゲームでは，自国にも仮想敵国にも支配戦略がなく，均衡が純粋戦略の範囲で2つあるという点でも，囚人のジレンマゲームとは異なります。安心供与ゲームでは，相手の選択に応じて，自国の望ましい選択は異なります。もし仮想敵国（自国）が軍拡で威嚇すれば，自国（仮想敵国）は，軍縮するよりも軍拡した方が大きな利得を得られるので（2* ＞ 1），軍拡を選択します。よって，囚人のジレンマゲームと同じように**相互軍拡**（2*, 2*）は均衡です。しかし，もし仮想敵国（自国）が軍縮すれば，自国（仮想敵国）は，軍拡するよりも軍縮した方が大きな利得を得られるので（4* ＞ 3），軍縮を選択します。よって，自国と仮想敵国が共に軍縮する**相互軍縮**（4*, 4*）も均衡です。

　安心供与ゲームでは，相手の選択に応じて自国の選択を合わせる**応報戦略**が，各国にとって望ましい結果を生みます。応報戦略とは，相手国が軍拡で威嚇すれば，自国も軍拡で対応し，相手国が軍縮して自国の不安を取り除けば，自国も軍縮（安心供与）で対応する戦略です。このような選択の結果として，相互軍拡（軍拡，軍拡）と相互軍縮（軍縮，軍縮）という2つの均衡が存在することになります。

　このように複数の均衡がある場合，どの均衡が起きると予想すればいいでしょうか？このような場合には，パレート優位の概念が有益な場合があります。**パレート優位**とは，このように2つの均衡がある場合には，両国にとって利得が大きい均衡です（最初に提唱した経済学者ヴィルフ

レド・パレート（1848-1923年）の名前が付いています）。どちらの国家にとっても，相互軍拡の結果（2*, 2*）よりも相互軍縮の結果（4*, 4*）の方が，利得が大きいことが分かります。お互いに軍縮し不安や恐怖を取り除くことによって，両国にとって望ましい結果が得られます。両国間で外交交渉が行われ，相互軍縮の利益について十分に情報共有することができれば，パレート優位な相互軍縮の均衡が実現する可能性があります。

　相手国（自国）が必ず軍縮するという保証（安心）がある限り，自国（相手国）も軍縮で安心を供与することができます（山岸2000: 151）。囚人のジレンマゲームでは，自国が軍縮するときに，相手国が軍拡するのではないかという不安があります。安心供与ゲームでは，自国が軍縮（相手国の不安や恐怖を排除）するときには，相手国も軍縮（自国の不安や恐怖を排除）する方が，軍拡するよりも望ましい結果（利得）が得られます。両国にとって，軍縮は**合理的な選択**です。

❷　先制攻撃ゲーム

　安心供与ゲームも，囚人のジレンマゲームと同じように安全保障の問題を考える場合によく利用されます（Kydd 2005）。この2つのゲームについて，先制攻撃ゲームを検討しながら比較しましょう。

　米国と北朝鮮の仮想的な先制攻撃ゲームについて検討しましょう。両国は北朝鮮の核・ミサイル開発をめぐって対立しているとします。先制攻撃ゲームでは，相手の先制攻撃に対する**恐怖心**が両国にあります。そのような恐怖心の背景には，先制攻撃が専守防衛や同時開戦よりも軍事的に有利であるという**先制攻撃の優位性**に関する認識があります。

　ブッシュ・ドクトリン（Bush Doctrine）は先制攻撃の優位性をもとにした戦略でした。2001年の9.11テロ攻撃を受けてブッシュ政権が採用した戦略です。テロリストや大量破壊兵器を保有しようとする「な

図表 6-2　先制攻撃ゲーム

北朝鮮＼米国	専守防衛	先制攻撃
専守防衛	(s_N, s_A)	(w_{Ns}, w_{Af})
先制攻撃	(w_{Nf}, w_{As})	(w_N, w_A)

北朝鮮

米国

注）括弧内の左は北朝鮮 N の利得，右は米国 A の利得を表す。

らず者国家」に対して米国が自衛のために先制攻撃を可能にするもの
です。2003 年 3 月に開始されたイラク戦争は，このブッシュ・ドクト
リンの適用によって正当化されました。そしてイラク侵攻は，米国の先
制攻撃に対する恐怖心を呼び起こすことを狙った攻撃でもありました
（Ikenberry 2006: 邦訳下 180）。

　図表 6-2 はこの**先制攻撃ゲーム**の利得行列を表します。両国の選択
肢は，専守防衛か先制攻撃とします。ここで専守防衛は，反撃の場合以
外は武力行使しないことです。両国とも専守防衛に徹し，先制攻撃をし
なければ，現状が維持され，その利得は (s_N, s_A)（添字の N は北朝鮮，
A は米国を表す）とします。このとき，北朝鮮は s_N の利得，米国は s_A
の利得を得ます。両国が先制攻撃をすれば「**同時開戦**」となり，その利
得は (w_N, w_A) です。北朝鮮の利得は w_N，米国の利得は w_A です。北
朝鮮が先制攻撃し，米国が専守防衛を選択すれば，「**北朝鮮の先制攻撃**」
となり，その利得は (w_{Nf}, w_{As})（添字の f は先制攻撃，s は応戦を表す）
です。北朝鮮の利得は w_{Nf}，米国の利得は w_{As} です。米国が先制攻撃し，
北朝鮮が専守防衛を選択すれば，「**米国の先制攻撃**」となり，その利得
は (w_{Ns}, w_{Af}) です。米国の利得は w_{Af}，北朝鮮の利得は w_{Ns} です。

　先制攻撃の優位性（先制攻撃を仕掛けた方が大きな利得を得ること）
を仮定しましょう。このとき，北朝鮮の選好は，北朝鮮の先制攻撃 w_{Nf}
> 同時開戦 w_N > 米国の先制攻撃 w_{Ns} の順になります。米国の選好も
同様に，米国の先制攻撃 w_{Af} > 同時開戦 w_A > 北朝鮮の先制攻撃 w_{As}
の順になります。両国とも先制攻撃する場合の利得が最も大きく，相手

が先制攻撃した場合の利得が最も小さくなります。各国の望ましい順に利得を 3, 2, 1 と割り振ると，以下のような利得関係が得られます。

　　北朝鮮：$w_{Nf} = 3 > w_N = 2 > w_{Ns} = 1$

　　米国：$w_{Af} = 3 > w_A = 2 > w_{As} = 1$

1）安心供与ゲーム

　ここで，両国が専守防衛を選択する場合を初期状態／現状とします。さらに両国が専守防衛を選択する場合の利得は，各国が先制攻撃する場合の利得よりも大きい（$s_N > w_{Nf}$, $s_A > w_{Af}$）と仮定し，$s_N = s_A = 4$ と割り振ります。これは，相手が専守防衛に徹している場合には，一方的に先制攻撃するよりも，自国も専守防衛に徹した方が望ましい結果が得られるということを意味します。**防御的リアリズム**に従えば，国家は勢力均衡の状態で現状維持を求めます（Glaser 1994/95, Lobell 2010）。各国は，現状維持の状態であえて先制攻撃することはありません。

　　北朝鮮：$s_N = 4 > w_{Nf} = 3$

　　米国：$s_A = 4 > w_{Af} = 3$
$\qquad\qquad\qquad\qquad\qquad\qquad\qquad\qquad\cdots(1)$

　このとき，ゲームの構造は図表6-3のように安心供与ゲームと同じになります。

　この先制攻撃ゲームには，純粋戦略の範囲で2つの均衡があります。1つは，互いに先制攻撃を仕掛け同時開戦になる場合で，利得は（2*, 2*）です。相手国が先制攻撃しようとしていると考えれば，先制攻撃の利益は専守防衛の利益よりも大きい（$w_N = 2 > w_{Ns} = 1$, $w_A = 2 > w_{As} = 1$）ので，自国も先制攻撃します。もう1つは，両国が専守防衛に徹し現状が維持される場合で，利得は（4*, 4*）です。相手国が先制攻撃しないという保証（安心供与）があれば，専守防衛の利益は先制攻撃の利益よりも大きい（$s_N = 4 > w_{Nf} = 3$, $s_A = 4 > w_{Af} = 3$）ので，自国も先制攻撃を自制します。このとき，両国とも専守防衛に徹します。

図表 6-3　先制攻撃 / 安心供与ゲーム

北朝鮮＼米国	専守防衛	先制攻撃
専守防衛	(4*, 4*)	(1, 3)
先制攻撃	(3, 1)	(2*, 2*)

北朝鮮　　　　　　　　米国

注) 括弧内の左は北朝鮮 N の利得，右は米国 A の利得を表す。

　ここで重要なのは北朝鮮と米国の選好順序です。先制攻撃の自制には，(1) 式で表されるように，「相手が専守防衛に徹している限り，先制攻撃よりも現状維持を望む」という両国の**選好順序**が決定的に重要になります。

2）囚人のジレンマゲーム

　両国の選好順序の重要性についてもう少し見てみましょう。両国にとって以下のように，各国の先制攻撃の利得が，両国が専守防衛する場合の利得よりも大きい場合について検討しましょう。(2) 式は，(1) 式と反対の利得関係を表します。**攻撃的リアリズム**によれば，国家は，お互いに不信と疑惑および恐怖を感じており，他の国家に対する軍事的に不利な状況を回避し，他の国家よりも軍事的に優位に立とうとし，パワー（強制力）の最大化を求めます（Mearsheimer 2001: 邦訳 43）。

北朝鮮：$w_{Nf} = 4 > s_N = 3$

米国：$w_{Af} = 4 > s_A = 3$

・・・(2)

これは，北朝鮮も米国も，相手が専守防衛を選択する場合に，それにつけ込んで先制攻撃し軍事的に優位に立とうとする場合です。このとき，**図表 6-4** のように先制攻撃ゲームの構造は囚人のジレンマゲームと同じになります。両国は先制攻撃が支配戦略になり，両国が先制攻撃する「同時開戦」が均衡になります。

　囚人のジレンマゲームと安心供与ゲームを分けるのは，各国の先制攻

図表 6-4　先制攻撃 / 囚人のジレンマゲーム

北朝鮮

米国

北朝鮮 ＼ 米国	専守防衛	先制攻撃
専守防衛	(3, 3)	(1, 4*)
先制攻撃	(4*, 1)	(2*, 2*)

注）括弧内の左は北朝鮮 N の利得，右は米国 A の利得を表す。

撃と専守防衛に対する選好順序です。相手国が専守防衛を選択した場合に，自国の先制攻撃の利得が専守防衛の利得よりも，（2）式のように大きい（$w_{Nf} > s_N$, $w_{Af} > s_A$）か，あるいは（1）式のように小さい（$s_N > w_{Nf}$, $s_A > w_{Af}$）かです。

　先制攻撃した場合の利得が専守防衛の利得より大きい，すなわち各国が相手国の専守防衛につけ込んで軍事的に優位に立とうとすれば（（2）式），ゲームの構造は囚人のジレンマゲームになります。その結果，両国は同時に戦争を開始することになります。その反対に，専守防衛の利得が先制攻撃の利得よりも大きい，すなわち各国が相手国の専守防衛（安心供与）を信頼し，自国も専守防衛（安心供与）で対応しようとすれば（（1）式），ゲームの構造は安心供与ゲームになります。このとき，戦争を回避する可能性が出てきます。

❸ 戦争は回避できるか

　戦争を回避するためには，相互拘束的な安全保障制度の構築によって先制攻撃の選択肢をなくすことが重要です。ここでの文脈では，以下の点が重要になります。1つは，囚人のジレンマゲームから安心供与ゲームへの転換（ゲームチェンジ）です。もう1つは，安心供与ゲームにおいて同時開戦の均衡に陥らないような応報戦略へのコミットメントです。

1）ゲームチェンジ

　第1に，戦争回避のためには囚人のジレンマゲームから抜け出し，安心供与ゲームにゲームの構造を転換（**ゲームチェンジ**）することが重要になります（山岸 2000: 152）。囚人のジレンマゲームと安心供与ゲームの違いは，相手が専守防衛を選択するときに，専守防衛の利得が先制攻撃の利得よりも大きいか（安心供与ゲーム），逆に，先制攻撃の利得が専守防衛の利得よりも大きいか（囚人のジレンマゲーム）です。

　ゲームの構造を囚人のジレンマゲームから安心供与ゲームに転換するためには，専守防衛の利得を如何に大きくし，先制攻撃の利得を如何に小さくするかを考えることです。ゲームの構造が囚人ジレンマゲームの状況で，両国が専守防衛を選択しているとしましょう。この状態は均衡ではないので，このままでは両国が先制攻撃の選択に向かいます。それを回避するには，現状維持の利得を大きくし，先制攻撃の選択肢を排除することです。

　現状維持の利得を大きくする1つの方法は，両国が政治や経済および文化などによって**複合的相互依存関係**を深めることです（Keohane and Nye 1977, Blattman 2022: 邦訳264）。貿易や金融は，相互依存関係が深まるほど，両国の利益が増大します。そうすれば，相手が専守防衛をとっているときに，一方的に先制攻撃をするインセンティブは低下します。なぜなら，先制攻撃によって戦争になれば，現在得られている利益を失うことになるからです。これを**戦争の機会費用**と言います。戦争の機会費用が大きいほど，戦争を回避し現状を維持するインセンティブは大きくなります（Rosecrance 1986: 邦訳54-59）。

　各国の貿易利益は，両国が関税や輸出入規制を撤廃し，貿易依存度を高めるほど大きくなります。各国の金融利益も，金融規制を撤廃し，金融依存度を高めるほど大きくなります。米中間の経済依存度は，冷戦時代の米ソ間の経済依存度に比べ格段に大きくなっています。したがって，

米中間には競争関係もありますが，現状の相互依存関係から大きな利益を得ています。このとき，どちらの国も，一方的に先制攻撃しても損失が大きく，先制攻撃の利益はその損失を上回ることはないでしょう。このような関係を維持したり拡大したりしながら，先制攻撃の利益を如何に抑えていくかを考えていく必要があります。

２）応報戦略

　第2に，戦争回避に重要なのは，安心供与ゲームにおける応報戦略です。囚人のジレンマゲームから安心供与ゲームにゲームチェンジが行われたとしましょう。その際に，安心供与ゲームにおいて同時開戦の均衡に陥らないようにすることが重要です。相手が専守防衛に徹する限りは，自国も専守防衛に徹するという**応報戦略**を堅持することです。このとき，専守防衛に徹するという保証（安心）が重要になります。専守防衛を宣言するだけではなく，その宣言の信頼性が問題になります。憲法9条の戦争放棄や武力不行使は重要なコミットメント効果を持ちます。

　応報戦略の具体的な事例は，米国の北朝鮮に対する**ペリー政策**です。1999年9月，クリントン政権のペリー北朝鮮政策調整官（元国防長官）は，「北朝鮮政策に関する報告書」（Perry 1999）を米国下院公聴会に提出しました。この報告書の北朝鮮政策は以下のようなものです。北朝鮮が核・ミサイル開発を放棄（米国に安心供与）すれば，経済制裁を解除し，両国の関係正常化（北朝鮮に安心供与）を進める。しかし，北朝鮮がこれに応じなければ，その脅威を封じ込めるというものです。残念ながら9.11後に，先制攻撃の優位性をもとにしたブッシュ・ドクトリンが採用され，この政策は放棄されました。

　安心供与ゲームでは，相手国が軍縮するか軍拡するかは，事前には分かりません。囚人のジレンマゲームのように支配戦略が存在し，相手国の行動が予想できる場合には，お互いにその戦略をとります。しかし，

安心供与ゲームでは，相手国の行動が分からないので，お互いに軍拡してくるのではないかと不安や恐怖を感じることになります。この不安や恐怖を取り除くことが重要になります。相手国の不安を解消することによって自国の不安の解消を図る政策が安心供与です。

ゲームの構造が安心供与ゲームに変わった後も，現状維持の利益を大きくすることが重要になります。複合的相互依存関係を構築し，その関係が戦争によって崩壊したときの損失（戦争の機会費用）を大きくすることです。また，各国が専守防衛にコミットする安全保障レジームを構築することによって，リスクや不確実性を削減することが重要になります。現状維持への期待が大きいほど，この**安全保障レジーム**の必要性は大きくなり，それは長く維持されます（Jervis 1982）。

さらに，専守防衛の状態から誤って先制攻撃を選択しないように注意することも必要です。先制攻撃の選択を匂わせるようなシグナル—例えば，防衛費増大や反撃能力の向上など—を送らないように注意する必要があります。ここでも，憲法9条で戦争放棄や武力不行使にコミットすることは重要なシグナルになります。

❹ 相互拘束的な制度—パワー（強制力）の戦略的抑制

自由を欲するならば，不安や恐怖を受け入れなければならない，とネオリアリズムは言います（Waltz 1979: 邦訳148）。しかし**構造的リベラリズ**の提言では，不安や恐怖を取り除き，戦争を回避するためには，自由を制限する相互拘束的な制度を構築し，パワー（強制力）を戦略的に抑制しなければなりません。

1）相互拘束的な制度

相互拘束的な制度とは，国際協定や国際ルールおよび国際機関などに

よって関係諸国間の行動を調整し，各国の政策の自律性を制限するもの
です（Ikenberry 2006: 邦訳下 204, 228）。各国は，政策調整によって
得られる利益が，その政策の自律性の制限によって失われる損失よりも
大きければ，相互拘束的な制度の構築に参加します。ここでの制度は，
インセンティブを伴うルールです（Guala 2016: 邦訳 12）。ネオリアリ
ズムの中でも**防御的リアリズム**は，制度構築による国家間の協力の可能
性を否定していません（Jervis 1999）。

　各国の理想としては，自国はルールや制度に拘束されることなく，他
のすべての諸国を強いルールで拘束することを願うでしょう。しかし，
すべての諸国がこれを望むとすれば，現実的な妥協点は，他の諸国から
ルールに則った行動（安心）を引き出すために，自国がどこまで自律性
を犠牲にして安心を供与できるかということになります。相互に行動を
制約するという約束（安心供与）をするのが，互いに現実的な行動です。

　相互拘束的な制度は，国家間の交渉の取引費用や不確実性を減らした
り，相手の行動についての各国の期待を収斂させたりといった機能を
果たします（Krasner 1983, Keohane 1984）。相互依存関係が深まるに
つれて，自国の行動の自律性を犠牲にするコストに比べてそれによって
得られる利益が高まります。制度化された政治プロセスのなかで各国が
行動することによって，相手国の行動の予見性が高まり，相手国に対す
る不安や恐怖心が低下します。また各国間の関係の継続性，互恵的な関
係，情報共有，紛争解決手段の存在などによって各国の期待が収斂する
可能性が高まります（Nye and Welch 2017: 邦訳 87）。

２）パワー（強制力）の戦略的抑制

　相互拘束的な制度は，各国のパワー（強制力）の行使を抑制し，互い
に支配されたり抑圧されたりすることに対する不安や恐怖を取り除き
ます（Blattman 2022）。相互拘束的な制度の構築によって，相手国が自

発的にパワー（強制力）の行使を抑制することと引き換えに，自国もその行使を抑制することを受け入れます。相手国の同意を得るために，自国も制度のルールに深くコミットし，互いに安心供与することになります。

　相互拘束的な制度の構築は，自国のパワーをより長期間にわたって維持するための先行投資にもなります。各国は，このような制度の下で自国のパワーを行使する際に制約を受け入れます。しかしその見返りに，相手国を強制するためのコストを削減することができます。また相手国が抵抗なく進んで自国に協力することも可能にできます。さらに相手国からの恣意的で無差別なパワー行使を阻止することもできます。

　複合的相互依存関係も，相互拘束的な制度と同様に大国のパワー行使を抑制します（Keohane and Nye 1977）。多様な分野で相互依存関係が深化すれば，安全保障の分野でパワーを行使するコストが大きくなり，パワー行使が抑制されます。例えば，シリコン・シールド（半導体の盾）によって，中国の台湾への武力侵攻を抑制することが期待されます。中国も米国も台湾の半導体産業に大きく依存しています。もし台湾有事が起きれば，世界経済は大混乱し，米中共に大きな損失を被ります。

3）相互拘束的な制度構築は可能か

　安全保障の分野で**相互拘束的な制度構築**は可能でしょうか。北朝鮮の核・ミサイル開発を放棄させるような米朝間の制度構築を，相互拘束的な制度の重要性，強制力，効率性という点から考えてみましょう。2003年1月の第2次北朝鮮核危機後に一時期（2003年8月に第1回会議開催〜2009年4月に北朝鮮が脱退），六カ国協議が制度化されたことがあります。

　第1に，相互拘束的な制度の重要性については，北朝鮮の核・ミサイル開発に課せられる制約が米国にとってどれだけ重要かが，米国の制度

構築への参加に影響します。北朝鮮の核放棄やミサイル開発阻止が東ア
ジアにおける米国の安全保障政策において重要であれば，米国は制度構
築に関与するでしょう。そのような場合には，米国が制度構築に参加し，
自国の政策的自律性を放棄する可能性があります。

　第2に，相互拘束的な制度の強制力に関しては，北朝鮮の政策的自律
性を確実に制約できるかどうかが，米国の制度構築への参加に影響しま
す。北朝鮮の核・ミサイル開発を制度やルールによって確実に制約で
きると確信できなければ，米国は自国の政策的自律性を犠牲にしないで
しょう。自国の不安や恐怖を確実に取り除くことができれば，米国は自
国の自由を制約する制度構築に参加するでしょう。

　第3に，北朝鮮にとっても，米国の行動が規制されるかどうかが制度
構築への参加に影響します。北朝鮮のような小国は，大国の政策的自律
性に課される制約に大きな関心を持っています。北朝鮮は，米国による
恣意的なパワー（強制力）の行使に対して制約を課すことを強く望みます。
制度のルールの適用において，大国が例外として扱われるような場合に
は，小国はそのような制度には自主的に参加することはないでしょう。

　第4に，相互拘束的な制度の効率性については，制度構築の便益が，
パワーの直接的な行使（強制外交）の便益よりも大きいかどうかが重要
になります。米国は，北朝鮮に対する強制力の行使にコストがかかりま
す。このコストが十分に大きくなれば，北朝鮮のルールにもとづく行動
と引き換えに，米国は自国の政策的自律性を拘束する制度構築に関心を
示します。

いっそうの議論のために

問題1　囚人のジレンマゲームと安心供与ゲームの違いについて，
　　　プレイヤー（各国）の選好順序という点から考えてみましょう。

問題2　戦争回避のためにはゲームチェンジが重要になります。囚
　　　人のジレンマゲームから安心供与ゲームへ転換するためには，

どのような方法があるでしょうか。

問題3 各国の不安や恐怖を取り除き，戦争を回避する1つの方法は，相互拘束的な制度の構築です。このような制度を構築する際にどのような課題があるか，北朝鮮の非核化を例に考えてみましょう。

第3部

安全保障政策

第7章　日本の安全保障政策

―――――――――――― この章の要点 ――――――――――――

　この章では，日本の安全保障政策について以下の点を明らかにします。

　① 日本の安全保障政策の基本は**専守防衛**です。専守防衛では，相互の不安や恐怖心を取り除くために，専守防衛へのコミットメント，専守防衛の信頼性，専守防衛を維持する制度構築が重要になります。

　② **集団的自衛権**とは，日本は武力攻撃されていなくても，密接な関係にある米国への攻撃によって日本の存立が脅かされる場合（存立危機事態）には，武力を持ってその攻撃を阻止する権利です。集団的自衛権の行使は先制攻撃の可能性を高め，専守防衛政策からの転換をもたらします。

　③ **反撃能力**は，相手のミサイル発射基地を攻撃する能力です。集団的自衛権の行使と一体化されれば，先制攻撃の可能性を高め，専守防衛政策の転換をもたらします。また反撃能力は，今後，米国の統合防空ミサイル防衛に組み込まれていきます。

Keywords　専守防衛　コミットメント　専守防衛の信頼性　相互拘束的な制度　集団的自衛権　自衛権発動の旧３要件　武力行使の新３要件　反撃能力　必要最小限度の能力　米軍との軍事行動の一体化　統合防空ミサイル防衛

　安全保障の問題で重要な点は，安全保障の目的と手段の関係を正確に理解することです。安全保障の目的は，現状の価値配分を変更しようと

する脅威を削減することです。この目的を達成する上でどのような政策（選択肢）が望ましいかを検討するのが安全保障政策です。日本の安全保障政策として，専守防衛，集団的自衛権，反撃能力が望ましいかどうか検討しましょう。

❶ 専守防衛とは何か

　日本の安全保障政策の基本は専守防衛です。1970年版の防衛白書『日本の防衛』で「わが国の防衛は，専守防衛を本旨とする」とされて以降，「専守防衛」という概念が定着しました。政府答弁によれば，「**専守防衛**とは，相手からの武力攻撃を受けたときに初めて防衛力を行使し，その防衛力行使の態様も自衛のための最小限度にとどめ，また保持する防衛力も自衛のための必要最小限度のものに限るなど，憲法の精神にのっとった受動的な防衛戦略」です（1981年3月19日の参議院予算委員会での大村襄治防衛庁長官の答弁）。

1）専守防衛の要点

　政府見解による専守防衛の要点は以下の3点です。第1に，反撃の開始：相手の武力攻撃を受けたときに，反撃する。第2に，反撃の態様：自衛のための最小限度の範囲に留め，相手を壊滅するような態様をとらない。第3に，反撃の装備：自衛のための必要最小限度の装備に限り，相手を壊滅するような武器を保持しない。これらの専守防衛の要点は，安保法制以降，放棄されました。

　日本の専守防衛には，**安保法制**（2015年）以前には2つの特徴がありました。1つは，集団的自衛権を認めないことでした。しかし，安保法制によって集団的自衛権が容認されました。それによって，日本は米国の戦争に巻き込まれ，海外で武力行使する可能性が高まりました。さ

らに，相手に先制攻撃したり，最小限度の範囲を超えた武力攻撃をしたりする可能性も出てきました。

　もう1つは，反撃の戦力や装備を必要最小限度に制限していることでした。しかし2022年12月に，政府は**安保3文書**（国家安全保障戦略，国家防衛戦略，防衛力整備計画）を閣議決定しました。これによって，反撃の装備について最小限度の範囲を超える反撃能力（敵基地能撃能力）の保持を認めました。

　安保3文書では，「専守防衛に徹し，他国に脅威を与えるような軍事大国にはならない」と明記していますが，周辺諸国に脅威を与える反撃能力の保持は専守防衛を形骸化するものです。専守防衛とは，日本の領土・領海と接近する公海で相手の武力攻撃を排除することであり，相手国の領土内まで行って攻撃しないということです。敵基地攻撃は，相手国領土内の基地や軍事目標などを攻撃することです。

2）安心供与ゲーム

　ここで，**安心供与ゲーム**（信頼ゲーム，Kydd 2005）によって日本と相手国の専守防衛について検討しましょう。**図表7-1**はこのゲームの利得行列を表します。両国の選択肢は専守防衛か先制攻撃です。専守防衛は，相手の攻撃を受けたときに武力行使する行動です。先制攻撃は，相手の攻撃を受ける前に武力行使する行動です。米国，ロシア，中国，北朝鮮などは先制攻撃の可能性を否定していません。

　両国の選択と利得を見てみましょう。両国が専守防衛を選択すれば，$(4^*, 4^*)$の結果になります。このとき，日本と相手国の利得は共に4^*です。両国が先制攻撃を選択すれば，同時開戦の$(2^*, 2^*)$の結果になります。この場合には日本と相手国の利得は共に2^*です。日本が先制攻撃し，相手国が専守防衛を選択する「日本が軍事的優位」な場合には，$(3, 1)$の結果になり，日本の利得は3，相手国の利得は1です。日本が専守防

図表 7-1　専守防衛 / 安心供与ゲーム

日本 ＼ 相手国	専守防衛	先制攻撃
専守防衛	(4*, 4*)	(1, 3)
先制攻撃	(3, 1)	(2*, 2*)

日本　　　　　　　　　　　　　　　　　　　　　　　　　相手国

注）括弧内の左は日本の利得，右は相手国の利得を表す。

衛を選択し，相手国が先制攻撃する「相手国が軍事的優位」の場合には，(1, 3) の結果になり，日本の利得は 1 で，相手国の利得は 3 です。

　安心供与ゲームには，「専守防衛の均衡」と「同時開戦の均衡」の 2 つの均衡があります。**専守防衛の均衡**では，両国が先制攻撃を自制し専守防衛に徹します。この均衡では，相手国が先制攻撃しないとすれば（図表 7-1 の第 2 列），日本も先制攻撃を自制します。なぜなら，日本の専守防衛の利得 4* は先制攻撃の利得 3 よりも大きいからです。日本は，専守防衛に徹し，相手国に先制攻撃しないという安心を供与します。

　もう 1 つの均衡は，両国が先制攻撃を選択する**同時開戦の均衡**です。相手国が先制攻撃しようとしていると考えれば（同図表の第 3 列），日本も先制攻撃します。それは，日本の先制攻撃の利得 2* が専守防衛の利得 1 よりも大きいからです。相手国の先制攻撃の威嚇には，先制攻撃によってその脅威に対応することになります。このような日本の先制攻撃の選択は，安保法制以後，集団的自衛権や反撃能力の容認によって可能になりました。

　ここで問題になるのは，相手国が専守防衛に徹するのか先制攻撃してくるのかは事前には分からないということです。そこに，両国共に不安や恐怖心が生まれます。専守防衛を宣言しながら，中国や北朝鮮の軍事能力の増大に対して抑止のために防衛費を増大するのはこのような不安や恐怖心からです。このような不安や恐怖心をどのように互いに取り除くかが，専守防衛では重要になります。

3) 専守防衛政策のポイント

　安心供与ゲームにおける専守防衛では，専守防衛へのコミットメント，専守防衛の信頼性，専守防衛を維持する制度構築に注意を払う必要があります。

（1）専守防衛へのコミットメント

　第1に重要な点は，専守防衛への**コミットメント**（拘束力のある約束）です。安心供与ゲームでは，各国の選好や行動が重要になります。特に，相手国が専守防衛に徹している限りは，自国も専守防衛に徹するという姿勢（応報戦略）を堅持することです。自国が専守防衛にコミットすれば（**図表7-1**の第2行），相手国も専守防衛を選択します。

　相手国の専守防衛につけ込んで先制攻撃をしようとすれば，相手国も先制攻撃で対抗してきます。こうなると，両国は，先制攻撃の自制が効かず，同時開戦に突入します。先制攻撃の優位性を抑制したり，その優位性を抑制する方法を構築したりすることによって，先制攻撃のインセンティブをなくすことが重要です（Schelling 1960: 邦訳241）。

　専守防衛へのコミットメントには憲法9条が重要な役割を果たします。必要最小限度の装備や防衛費の削減のような**シグナリング**（コストを伴う情報伝達）によって，相手国に安心を与えることが重要になります。単なる**チープトーク**（口約束）ではないことを示すために，専守防衛の意図やコミットメントに関する情報はコストをかける必要があります。憲法9条の戦争放棄や武力不行使の宣言はシグナリング効果を持っています。

（2）専守防衛の信頼性

　第2に重要なのは専守防衛の信頼性の確保です。専守防衛の信頼性は，専守防衛の手段（軍事能力）と専守防衛の意思によって決まります。軍

事能力が大きいほど，専守防衛の信頼性は低くなります。強大な軍事能力は，相手国に攻撃の不安や恐怖を与え，専守防衛には相応しくありません。相手国は，日本の必要最小限度の軍事能力と専守防衛の強い意思を確信すれば，それだけ専守防衛の信頼性が高いと判断するでしょう。

　他方で，反撃能力（敵基地攻撃能力）のような防衛力の強化や集団的自衛権の容認は，専守防衛の信頼性を損ないます。紛争になった場合に，外交による紛争解決のプログラムが事前に用意されていれば，専守防衛の信頼性は高まります。その反対に，そのようなプログラムを外交によって用意する努力もなく，反撃能力を増強するとすれば，専守防衛の信頼性は低下することになります。

　武器保有の制限は，専守防衛の信頼性を高めるものです。武器保有の制限は，日本の専守防衛の独自性を示すものでした。他国の国土の壊滅的破壊のために用いられる武器，例えば大陸間弾道弾（ICBM），長距離戦略爆撃機，攻撃型空母の保持を自衛隊は認められていません。防衛力整備計画で示されたトマホークは射程1600kmの攻撃型ミサイルです。このような攻撃型兵器の保持は，他国を侵略する意図を持つと周辺諸国に判断され，専守防衛の信頼性を損ないます。

（3）相互拘束的な制度の構築

　第3は，「専守防衛の均衡」から「同時開戦の均衡」に陥らないように**相互拘束的な制度**を構築することです。「専守防衛の均衡」は日本だけでは実現できません。「専守防衛の均衡」に留まるためには，各国の外交政策を制度的に拘束することが重要になります。条約や協定および国際機構などによって，紛争処理に関する原則やルールを確認し，相互拘束的な制度を相手国と構築することです（Ikenberry 2006: 邦訳上222）。

　例えば，東南アジア地域には**東南アジア諸国連合（ASEAN）**があります。ASEANは，紛争を平和的な話合いで解決することを取り決めた

東南アジア友好協力条約（TAC）を締結しています。この条約を土台にアジア・太平洋地域に対話と協力の枠組みである **ASEAN インド太平洋構想（AOIP）** を広げようとしています。このような地域的で分権的なガバナンスの形成は，国際連合（特に安全保障理事会）を中心にしたトップダウンによる秩序形成が困難な時期には，ボトムアップによる秩序形成という意味で重要です（Ostrom 1990, Ho 2021: 邦訳 92-93）。

また，北朝鮮の核開発に関する六カ国協議のように国際協議を制度化すれば，相互に拘束的な関係が維持されます。国際合意や国際協議体は，各国の意図やコミットメントに関する情報共有を高め，相互拘束的なコミットメントの保証を高めます。北朝鮮と米国が参加する相互拘束的な制度は，先制攻撃によって破滅させられるのではないかという北朝鮮や米国の不安や恐怖を和らげます。

ただし，国内外の政治経済的な環境が変化すると，均衡状態が変化する可能性があります。その要因の1つは，両国間の関係に関与する第三国の動向です。例えば，集団的自衛権の行使によって，日本が米中間の戦争に巻き込まれるような場合です。台湾有事において，日本は，中国から先制攻撃を受けていない場合でも，米中間で戦争が起きれば，中国に先制攻撃を仕掛ける可能性があります。相互拘束的な制度構築では，このような第三国の動向や国際環境の変化にどのように対処するかが重要になります。

もう1つの要因は偶発的な事故の存在です。偶発的な事故によって，どちらかが先制攻撃し開戦に至る可能性があります。偶発的な事故は，戦争にならないように適切に対処する必要があります。尖閣諸島周辺で中国の海警局と日本の海上保安庁との間で衝突があっても，全面的な戦争に発展しないように，日常的に日本と中国の軍事組織間で交流を深め，信頼醸成装置を築いていく必要があります。

❷ 集団的自衛権と専守防衛の破綻

　集団的自衛権の行使は安保法制（2015年）によって可能になりました。この集団的自衛権によって，米国の戦争に巻き込まれ，日本は先制攻撃する可能性が出てきました。

1）自衛権発動の旧3要件

　国連憲章第51条は，「国際連合加盟国に対して武力攻撃が発生した場合には，安全保障理事会が国際の平和及び安全の維持に必要な措置をとるまでの間，個別的又は集団的自衛の固有の権利を害するものではない」と定めています。日本政府は，憲法9条の戦争放棄と武力不行使のもとでこの自衛権の発動について厳しい条件を付けてきました。

　従来の政府答弁では，自衛権の発動を次のような**自衛権発動の旧3要件**に該当する場合に限るとしました。第1に，わが国に対する急迫不正の侵害が認められること，第2に，他に適当な手段（外交交渉や経済制裁など）がないこと，第3に，必要最小限度の実力行使にとどまるべきことです。この中で最も重要なのは，日本が武力行使を受けない限りは，日本は武力行使をしないという第1の要件です（阪田 2016: 6-7）。

　このような要件が課せられているのは，自衛権の行使は侵略戦争に容易に転化される可能性があるからです（伊藤ほか 2018: 34-35）。国際社会では自衛権行使の名の下に多くの侵略戦争がこれまで行われてきました。かつて日本は，1931年9月に起きた満州事変から1941年12月の大東亜戦争に至るまで自衛の名の下に侵略戦争を行ってきました。米国は，個別的自衛権の行使によって2001年10月にアフガニスタン戦争を開始し，2003年3月にイラク戦争を行いました（松井 2018: 76, 226）。

2）集団的自衛権とは何か

　集団的自衛権とは，ある国家が武力攻撃を受けた場合に，直接的に攻撃を受けていない第三国が共同で防衛する国際法上の国家の権利です（松井 2018: 55-64）。日本の場合には，自国は武力攻撃されていない場合でも，密接な関係にある他国への攻撃によって自国の存立が脅かされる場合（存立危機事態）には，武力を持って他国への攻撃を阻止する権利です（2014 年 7 月，閣議決定）。

　集団的自衛権は，国連憲章で認められていますが，憲法 9 条とは整合的ではないという見解が，政府や憲法学者などによって示されてきました（長谷部ほか 2015，2016，阪田 2016）。例えば，1981 年の政府答弁では，「集団的自衛権が憲法上認められないという確立した政府見解がある」（1981 年 5 月 29 日の政府答弁書）。1983 年の答弁では，「集団的自衛権の行使を認めるためには，憲法改正が必要である」（1983 年 2 月 22 日衆議院予算委員会・角田禮次郎内閣法制局長官答弁）。多くの憲法学者も集団的自衛権の行使は憲法違反であると指摘してきました。集団的自衛権の行使を閣議決定で容認することは，政府が憲法を否定することに等しいとも指摘されています。

　しかし，政府は，2014 年 7 月に集団的自衛権を閣議決定によって容認しました。その際に，自衛権発動の旧 3 要件を**武力行使の新 3 要件**—日本政府が自衛権（武力行使）を発動する際に満たすべき要件—に名称を変え，整合性を図ろうとしました。武力行使の新 3 要件によって，日本と密接な関係にある他国に対する武力攻撃が発生した場合にも武力行使を可能とし，集団的自衛権を容認しました。

　政府が 2014 年 7 月に決定した「武力行使の新 3 要件」は以下の通りです。第 1 に，わが国に対する武力攻撃が発生したこと，またはわが国と密接な関係にある他国に対する武力攻撃が発生し，これによりわが国の存立が脅かされ，国民の生命，自由および幸福追求の権利が根底から

図表 7-2　集団的自衛権の行使

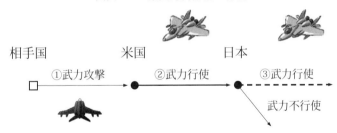

覆される明白な危険があること（**存立危機事態**：事態対処法 2 条 4 号），第 2 に，これを排除し，わが国の存立を全うし，国民を守るために他に適当な手段がないこと，第 3 に，必要最小限度の実力行使にとどまるべきことです。

3）集団的自衛権の行使

　集団的自衛権はどのような場合に行使されるのでしょうか。図表 7-2 は，日本の集団的自衛権が行使される場合を表します。最初に，相手国が，日本と密接な関係にある米国に①武力攻撃するとします。米国は，個別的自衛権によってこの攻撃に②武力行使で反撃します。このとき日本は，「存立危機事態」と判断すれば，集団的自衛権の行使によって相手国に対して③武力行使します。ここで日本は，武力攻撃を受けていない状況で，相手国に武力行使することになります。相手国からすれば，日本が先制攻撃したことになります。このような先制攻撃は，専守防衛から逸脱した行為です。

　集団的自衛権行使の具体的な場合として，自衛隊の米艦防護がありま
す（阪田 2016: 49）。南シナ海や台湾海峡において米艦が行動する際に，自衛隊は米艦を防護することが可能になりました。米艦防護の任務に従って自衛隊が米軍と行動を共にすれば，米艦が攻撃された場合には，武力によってこれを防護しなければなりません。このとき，自衛隊が米

艦を武力で防護すれば，日本は戦争に巻き込まれます。

　自衛隊の米艦防護にはいくつかの問題が指摘されています（半田 2021）。第1に，集団的自衛権の行使には政治判断が必要です。しかし，米艦が武力攻撃された場合には，米艦を防護するか否か（集団的自衛権の行使）の判断は，現場の自衛官に任されています。第2に，自衛隊による米艦防護の実態は非公表になっています。2017年5月に海上自衛隊の護衛艦が米海軍の貨物弾薬補給艦を護衛し，共同訓練を行いました。しかし，防衛省の公告では，米艦防護の詳細については公表されていません。米艦防護は闇の中で行われ，ある日突然，集団的自衛権が行使される可能性があります。

4）集団的自衛権の容認の影響

　集団的自衛権を容認することによって，日本は，専守防衛を維持できなくなったり，また米国の戦争に巻き込まれたり，さらに本来の国際貢献ができなくなったりする可能性があります。

　第1に，集団的自衛権の容認によって，日本は相手国に**先制攻撃**し，専守防衛を維持できなくなる可能性があります。自国が武力攻撃を受けていなくても，集団的自衛権の行使によって米軍と一緒に相手国を先制攻撃する場合があるからです。さらにそのような場合，米軍が戦争に勝利するまで攻撃するとすれば，必要最小限度を超えた攻撃が行われる可能性もあります。

　第2に，集団的自衛権の容認によって，米国との同盟関係を維持するために，米国のために日本が自らの意思で敵を作り，攻撃される危険を自ら引き込むことになりました。米国は，これまで朝鮮戦争・ベトナム戦争・湾岸戦争・アフガニスタン戦争・イラク戦争などを行ってきました。日本は今後，日本の国益とは関係なく，このような戦争に参加させられます。安保法制以前には憲法9条を盾に断ることができましたが，

今では断ることはできなくなりました。

　第 3 に，集団的自衛権の行使によって，自衛隊が行うことができた**国際貢献**を行うことができなくなります。地域紛争の出口戦略において，自衛隊は，国連軍事監視団として武装勢力の武装解除の任務にあたることができました。武装解除は，中立（米軍の戦争に参加しないことによる武装勢力との信頼醸成）と非武装（安心供与）が可能な自衛隊にしかできない任務でした。しかし，米軍の戦争に参加すれば中立性を損ない，自衛隊に対する信頼は失墜し，このような任務を遂行することはできなくなります。

❸　反撃能力と日本のリスク

　政府は，2022 年 12 月に中国への危機感から安保 3 文書を改訂しました。この改訂で，周辺諸国からのミサイル攻撃への防衛力の強化として，相手のミサイル発射拠点を攻撃する反撃能力保持の必要性を示しました。

1）反撃能力とは何か

　反撃能力とは，相手のミサイル発射基地を攻撃する能力です。「防衛力整備計画」には，射程距離が 1000km から 3000km の長射程ミサイルとして，①12 式地対艦誘導弾能力向上，②高速滑空弾，③極超音速誘導弾，④トマホークの開発や導入が明記されています。

　この反撃能力は，ミサイル防衛網と一体化されています。反撃能力は，相手国からの弾道ミサイルなどによる武力攻撃に対して反撃する能力であり，既存のミサイル防衛網の脆弱性を補完するものとして位置づけられています。国家安全保障戦略では，「相手からミサイルによる攻撃がなされた場合，ミサイル防衛網により，飛来するミサイルを防ぎつつ，相手からの更なる武力攻撃を防ぐために，我が国から有効な反撃を相手

に加える能力，すなわち反撃能力を保有する必要がある」としています。

2）反撃能力保持の意味

（1）専守防衛政策の転換

　反撃能力の保持は，日本の専守防衛政策の転換をもたらすことになります。**専守防衛**とは，自国領域に攻撃が発生した場合にのみ武力行使するものであり，相手の基地を攻撃しないことです（1972年10月，田中角栄首相答弁）。

　第1に，反撃能力（敵基地攻撃能力）の保持は**先制攻撃**の可能性を高めます。というのは，自国が武力攻撃を受けていなくても集団的自衛権の行使によって，米軍と一緒に敵基地を攻撃することが可能になるからです。その結果，日本は，専守防衛から先制攻撃を可能とする政策への防衛政策の転換を宣言することになります。

　第2に，自衛のための**必要最小限度の能力**を超えた攻撃型兵器の保持が計画されています。防衛力整備計画では先に示したように，①12式地対艦誘導弾能力向上，②高速滑空弾，③極超音速誘導弾，④トマホークなどの攻撃型兵器の開発や導入が予定されています。これらの兵器は，専守防衛の必要最小限度を超えた能力です。

　第3に，必要最小限度を超えた軍事能力を保持すれば，**軍拡競争**によって軍事能力はさらに増強されます。反撃能力が防衛的なものでも，周辺諸国は攻撃的なものと判断する可能性があります。周辺諸国の不安や恐怖を煽り，同諸国の軍事力を増強させます。その結果，軍拡競争を引き起こし，安全保障のジレンマに陥ります。

（2）反撃能力の保持は憲法違反

　反撃能力の保持は，戦力不保持を定めた憲法9条に違反します。従来の政府見解では，敵基地攻撃は，他に手段がない場合に限り，必要最小

限度の範囲で，法理的には自衛の範囲に含まれるとしてきました。しかし，他国に攻撃的な脅威を与える兵器（敵基地攻撃能力）を平生から保持することは憲法違反としてきました（1959年3月の伊能繁次郎防衛庁長官の答弁，2022年3月の岸防衛大臣の答弁）。

　ここで，従来の政府見解からの逸脱として問題になるのは以下の点です。1つは，日米安全保障条約が存在し，米軍の打撃力が存在する下で，「他に手段がない」とは言えないことです。2つめは，他国の領域に対して直接脅威を与えるような必要最小限度の範囲を超えた反撃能力を平生から保持しようとしていることです。

　敵基地攻撃が先制攻撃になれば，専守防衛に反し，憲法9条に違反します。政府の見解では，敵基地攻撃は，相手の武力攻撃の着手があったという前提で，専守防衛の範囲で実行可能としています。しかし，何をもって武力攻撃に着手したかの判断は容易ではなく，先制攻撃に使われる可能性があります。

　また政府は，集団的自衛権の行使によって敵基地攻撃を行うことを認めています（2022年5月の参議院予算委員会での答弁）。米軍への攻撃に対して日本が他国に反撃する場合には，日本への武力攻撃はなく，その着手もありません。日本の反撃は，他国に対する先制攻撃になり，さらに海外で武力行使をしないという憲法9条に反します。

3）反撃能力の行使

　反撃能力の行使には，2つの場合があります。1つは自衛措置として反撃能力が行使される場合です。もう1つは集団的自衛権の行使と共に反撃能力が行使される場合です。

（1）自衛のための敵基地攻撃
　図表7-3は自衛のための敵基地攻撃（反撃）を表します。相手国が

図表 7-3　自衛のための反撃

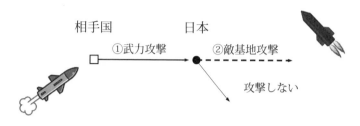

日本に向けてミサイルの発射によって①武力攻撃したとします。このとき日本は，ミサイル防衛網でミサイルを迎撃すると共に，ミサイルを発射した②敵基地を攻撃します。このミサイル防衛や敵基地攻撃（反撃）は，米軍と情報を共有しながら自衛隊によって実施されます。相手国が攻撃に「着手」したのを確認し，反撃します。「着手」を判断する具体的な要件は明確ではありません。よって，日本が相手国に先制攻撃する可能性があります。日本の先制攻撃に，相手国は報復攻撃をしてきます。この報復攻撃に日本はどのように対処するのでしょうか。日米安全保障条約があっても，米国は，自国の国益を優先するので，参戦し支援するという保証はありません。

（2）集団的自衛権行使による敵基地攻撃

　敵基地攻撃が集団的自衛権の行使と一体化されれば，日本は先制攻撃し，米軍の戦争に巻き込まれる可能性があります。日本が武力攻撃を受けていなくても，米軍が始めた戦争を日本が「存立危機事態」と判断すれば，日本は反撃能力を行使できます。例えば，台湾有事において，在日米軍が中国を攻撃すれば，集団的自衛権の行使によって日本は米軍を支援し，ミサイルを発射するでしょう。そうすれば中国は，制空権を握るために在日米軍基地だけではなく，日本のミサイル発射基地を攻撃してきます。

　図表 7-4 は，日本が米国の戦争に巻き込まれ，相手国を先制攻撃す

図表 7-4　集団的自衛権行使による反撃

る場合を表します。相手国が，①米国を攻撃するとします。米国は相手
国に②反撃します。例えば，米艦船に向けてミサイル発射に着手したの
を確認し，ミサイル発射国に反撃します。このとき，日本は，「存立危
機事態」と判断すれば，集団的自衛権の行使によって相手国の③敵基地
を攻撃します。この段階で日本は武力攻撃を受けていないので，日本は
敵基地を先制攻撃することになります。日本の先制攻撃を受ければ，相
手国は日本を報復攻撃します。この報復攻撃に，日本は二の矢三の矢の
戦略はあるのでしょうか。

4）米軍との軍事行動の一体化

　反撃能力は，米軍の新型中距離ミサイルの日本への配備と一体になっ
て行われます。敵基地を攻撃するためには，敵基地の位置を正確に把握
する早期警戒偵察衛星，敵基地のレーダーシステムを無力化するサイ
バー戦能力，巡航ミサイルを正確に誘導するシステムなどが必要になり
ます。このようなシステムを日本が独自に開発したり保持したりするこ
とは不可能です（伊藤ほか 2018: 168）。そのシステムの開発は，米軍の
新型中距離ミサイルの日本への配備計画と一体になって進められます。
　日本の反撃能力は，さらに防空・ミサイル防衛を一体化させた米軍の
統合防空ミサイル防衛（IAMD）に組み込まれていきます。防衛力整備
計画では，陸上自衛隊第 15 旅団（那覇市）の大規模な再編や，宮古島・

第1部　強制外交と安心供与の外交

第2部　安全保障は囚人のジレンマ

第3部　安全保障政策

石垣島への地対艦ミサイル部隊の配備など，南西諸島における防衛力強化計画が含まれています。反撃能力には先に見たように，①12式地対艦誘導弾能力向上，②高速滑空弾，③極超音速誘導弾，④トマホークなどが明記されています。日本が保持するこれらの反撃能力は，米軍のIAMD構想に組み込まれていきます。

　米軍のIAMDには，攻撃を受ける前に相手国を破壊する先制攻撃作戦が存在します。第二次世界大戦後に米国には，レーガン政権期のグレナダ侵略（1983年）やリビア爆撃（1986年），ブッシュ政権期のパナマ侵略（1989年）などで，国連総会において国際法違反として非難決議を受けた先制攻撃の実績があります。反撃能力は，こうした米国の先制攻撃の一翼を担うことになります。

いっそうの議論のために

問題1　日本の専守防衛政策の課題について，専守防衛へのコミットメント，専守防衛の信頼性，専守防衛を維持する制度構築という点から考えてみましょう。

問題2　集団的自衛権行使の影響について，専守防衛政策との関係や，日米同盟との関係という点から考えてみましょう。

問題3　反撃能力の問題点について，専守防衛政策との関係や，憲法9条との関係という点から考えてみましょう。

第8章　日米同盟のジレンマ

━━━━━━━━━━ この章の要点 ━━━━━━━━━━

　この章では，日米同盟のジレンマについて以下の点を明らかにします。

　① **日米同盟のジレンマ**とは次のような相反関係です。日本は，日米同盟を強化すれば，米国の戦争に巻き込まれるリスクがあります。しかしそのリスクを回避するために日米同盟から距離をとれば，有事の際に米国から見捨てられる不安があります。

　② **戦争に巻き込まれるリスク**とは，日本が武力攻撃を受けていなくても，同盟国である米国の軍事支援のために，米国と第三国との戦争に巻き込まれることです。台湾有事の際には，米国と中国との戦争に日本は巻き込まれる可能性があります。

　③ **米国に見捨てられる不安**とは，有事の際に米国が日本を見捨てるかもしれないというものです。尖閣諸島を巡って日本と中国との間で軍事対立が起きる場合に，米国は，自国の国益を優先して日本を見捨てる可能性があります。

Keywords　日米同盟のジレンマ　戦争に巻き込まれるリスク　台湾有事　台湾海峡危機　集団的自衛権　ミサイル配備　台湾関係法　米国に見捨てられる不安　日米安全保障条約　米国議会の承認　尖閣諸島問題　米国の中立政策　外交的解決

　日本の安全保障政策では米国との日米同盟が重要になります。日本は米国と**日米安全保障条約**（1951年締結，1960年改訂）を締結しています。ここでは，日米同盟のジレンマについて見ていきます。**日米同盟のジレ**

ンマとは次のような相反関係を言います。日本は，米国との日米同盟を強化すれば，米国の戦争に巻き込まれるリスクがあります。しかしそのリスクを回避するために日米同盟から距離をとれば，有事の際に米国から見捨てられる不安があります（Snyder 1997: 183）。

❶ 戦争に巻き込まれるリスク

　日米同盟には日本が**戦争に巻き込まれるリスク**があります。安保法制（2015 年 9 月）によって集団的自衛権が容認されました。集団的自衛権とは，日本が武力攻撃されていない場合でも，密接な関係にある米国への攻撃によって日本の存立が脅かされる場合（存立危機事態）には，武力を持って米国への攻撃を阻止する権利です。

　集団的自衛権の容認は，日本が米国の戦争に巻き込まれるリスクを制度的に高め，米国が**日本に見捨てられる不安**を軽減しました。日本が武力攻撃を受けなくても，同盟国である米国の軍事作戦を支援するために，自衛隊が武力行使することができます。日本が米軍を軍事支援し，第三国を攻撃すれば，第三国は日本を標的に攻撃してきます。日米同盟の強化は，第三国と米国との戦争に日本が巻き込まれるリスクを高め，米国が日本に見捨てられる不安を軽減します。

　図表 8-1 は，集団的自衛権によって日本が米国と第三国との戦争に巻き込まれるリスクを表します。ここでは，例えば中国や北朝鮮を第三国と想定しましょう。最初に第三国が，米国の国益に関わる①現状変更をするとします。中国が台湾の武力統一をしたり，北朝鮮が軍事境界線を越えて韓国に侵攻したりするような場合です。この現状変更を阻止するために，米国は，台湾や韓国と共同したり，個別的自衛権を行使したりすることによって第三国に②武力行使します。

　このような状況で日本は，自国の存立危機事態と判断すれば，集団的自衛権の行使によって③米軍支援を行い，第三国を武力攻撃します。第

図表 8-1　米軍の戦争に巻き込まれるリスク

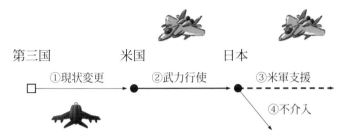

三国は，日本の攻撃に対して武力行使で対抗します。こうして日本は，米軍と第三国の戦争に巻き込まれることになります。このとき，米国は，④日本の軍事不介入によって日本に見捨てられる不安を解消することができます。

　日米同盟は本来，日本を防衛するためのものではなく，米国の世界戦略やその国益を追求するための手段です（布施 2022: 188-191）。米国の世界戦略において，日米同盟が対処すべき脅威には，北朝鮮の核・ミサイル開発や，中国の東シナ海・南シナ海（尖閣諸島・台湾海峡）における行動があります。このようなアジア地域における米国にとっての脅威に対処する際に，日本は米国の戦争に巻き込まれるリスクがあります。

　日本が米軍の戦争に巻き込まれる可能性があるのは，第 1 に，**朝鮮半島有事**の場合です。北朝鮮の核・ミサイル開発は，金正恩体制の体制存続をかけて米国に向けられたものです。よって，北朝鮮がいきなり日本に向けてミサイルを発射する可能性は低いでしょう。しかし，北朝鮮の核・ミサイル開発を阻止するために，米国が北朝鮮に先制攻撃した場合にはどうでしょう。沖縄・岩国・横田・三沢の在日米軍基地に北朝鮮がミサイルを撃ってくる可能性があります。さらに集団的自衛権を行使し日本が米軍支援をすれば，北朝鮮のミサイルは自衛隊基地や日本全土に向けて発射されるでしょう。

　第 2 に，日本が米軍の戦争に巻き込まれる可能性があるのは，**台湾有事**の場合です。米軍が日本に配備した中距離ミサイルによって中国を攻

撃した場合には，中国の報復の対象になるのは，ミサイルの発射基地が
ある日本です（布施 2022: 246, 252）。米軍の希望に従ってミサイル発射
基地を日本全土に分散配備すれば，日本全土が中国の軍事攻撃の対象に
なります。

1）台湾有事

　中国と台湾／米国の間には，台湾問題を巡って緊張が続いています。
台湾問題とは，台湾（中華民国）が実効支配している台湾地区の主権帰
属または政治的地位に関する中国と台湾の政治問題です。この問題は，
領土保全（台湾併合）かあるいは政治的独立かという中国政府にとって
も台湾政府にとっても核心的に重要な問題です。

　台湾問題について，米国は，1972 年のニクソン大統領の中国訪問の
際に「米中共同声明」において以下のように表明しました。「米国は，
台湾海峡の両側のすべての中国人が，中国はただ一つであり，台湾は中
国の一部分であると主張していることを認識している。米国政府は，こ
の立場に異論をとなえない。米国政府は，中国人自らによる台湾問題の
平和的解決についての米国政府の関心を再確認する」。1979 年 1 月付け
の米国と中国の「共同コミュニケ」では，中華人民共和国政府が中国の
唯一の合法政府であることを承認し，中国はただ一つであり，台湾は中
国の一部であるとの中国の立場を容認しました。

　台湾問題を巡っては，1995-96 年に**台湾海峡危機**が起きました。1996
年 3 月の台湾総統直接選挙の際に，台湾独立を目指す李登輝が立候補し
ました。これに対して，中国は李登輝の当選阻止を図り，この選挙に合
わせてミサイル発射訓練を実施しました。ミサイル発射は，中国による
台湾に向けた強硬派のシグナリングです。このとき米国は，空母インディ
ペンデンスを横須賀から台湾海峡に派遣し，中国の行動を牽制しました。
米国の牽制に中国は軍事訓練を中止しました。

　米国には台湾政策に関する国内法の**台湾関係法**（1979 年）があります。これによって，米国大統領は，台湾を防衛するために軍事行動をする選択肢が認められています。しかし，米軍の介入は義務ではなくオプションであるので，米国による台湾の防衛を保障するものではありません。台湾有事への軍事介入を確約しない米国の安全保障政策は，**戦略的あいまい戦略**と呼ばれています。

　この台湾海峡危機を教訓に中国は，米空母を攻撃できる戦闘機や駆逐艦などの武器体系を整備し始めます。中国は今日，米軍の台湾問題への介入を阻止するために，米国に対する**接近阻止 / 領域拒否**（A2/AD）戦略を採用し，海軍力を強化しています。これは，優勢な相手が戦域に接近するのを阻止し，戦域内での行動の自由を制約する戦略です。中国のこのような戦略の下で，2023 年 6 月に，台湾海峡を通過する米軍とカナダ軍の艦艇に中国軍の駆逐艦が危険な行動で接近するという事態がありました。

　台湾有事が発生する可能性は 2 つの場合があります（岡野ほか 2023: 25-27）。第 1 は，台湾が独立を宣言する場合です。台湾が現状維持に従えば，中国が台湾に武力侵攻する可能性は低く抑えられるでしょう。しかし，台湾が，現状を変更し独立を宣言すれば，中国は武力行使する可能性があります。現在の台湾政府（頼清徳）の立場は，独立でも統一でもなく，現状維持です。台湾の人々も，2022 年の世論調査（国立政治大学の選挙調査）で 68.1％が現状維持を支持しています。米国も台湾の現状維持を支持し，独立を支持していません。

　第 2 は，中国が台湾を統一する場合です。中国は，平和的統一の方針を堅持していますが，武力行使の可能性も放棄していません（中国共産党第 20 回党大会，2022 年 10 月）。中国が現状維持に従えば，台湾は中国に武力行使する可能性は低いでしょう。しかし，中国が台湾統一を宣言すれば，台湾は武力行使する可能性があります。台湾が武力行使すれば，在日米軍は中台戦争に軍事介入し，自衛隊は米軍を支援すること

図表 8-2 台湾有事と集団的自衛権

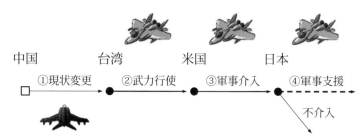

なります。もし在日米軍の軍事介入や自衛隊の軍事支援があれば，中国は在日米軍基地や自衛隊基地を攻撃してきます。

中国は，米軍の軍事介入を回避するように**ハイブリッド戦争**によって台湾政権を転覆させる可能性もあります。その際には，サイバー攻撃によって政府機関や金融機関およびインフラ関係の機能を麻痺させようとします。さらに，SNS などによって偽情報を拡散し，政府批判を強める情報戦を展開するでしょう。このような台湾の政治混乱に乗じて中国国民の救済を名目に中国軍が介入し，台湾統一を図るシナリオが考えられます。

図表 8-2 は，中国が台湾統一を目指し現状変更する場合を表します。中国が台湾統一のために①現状変更しようとすれば，台湾は，現状を維持するために中国に対して②武力行使するでしょう。米軍は，台湾を支援するために③軍事介入します。沖縄・岩国・横田・三沢などの在日米軍が台湾防衛に向けて行動します。このとき，日本は，集団的自衛権の行使によって米軍を④軍事支援することになります。

台湾有事の際，中国が日本を先制攻撃しなくても，日本政府が存立危機事態と判断すれば，自衛隊は，**集団的自衛権**によって米軍を守るために南西諸島から中国に武力行使できます。日本が武力行使すれば，中国は日本（南西諸島）を攻撃します。このとき，沖縄県の与那国島・石垣島・宮古島などは日中戦争の戦場になります。沖縄・岩国・横田・三沢などの在日米軍基地も攻撃の対象になります。

2）米軍の日本へのミサイル配備

　米国の世界戦略にとって重要なのは，インド太平洋地域における米国の国益であり，それを侵害しようとする中国への対応です。米中軍事対立の主戦場は東アジアであり，米国が懸念しているのは，中国が台湾に侵攻する台湾有事です。米国がソ連との INF 条約（中距離核戦力全廃条約：1988 年 -2019 年）で縛られている間に，中国は台湾有事に備え，中距離ミサイルを開発し，1000 発以上を配備しました。

　中国に対抗して米国は，**新型中距離ミサイル**（射程 500-5500km）を開発し，2023 年以降に日本への配備を計画しています。日本へのミサイル配備は，日本防衛のためではなく，台湾など東アジアにおける米国の国益を守るためです。米軍のミサイルが日本に配備されれば，日本は，中国のミサイル攻撃の対象になります。中国は，核弾頭搭載可能なミサイルを日本に向けてきます。

　米軍は台湾防衛のために，第 1 列島線（図表 8-3 参照）上の南西諸島に新型中距離ミサイルの導入を計画しています（布施 2022: 29）。このミサイル導入計画の目的は，中国軍の太平洋進出を封じ込めると共に，西太平洋の海空域への米軍のアクセスを確保することです。新型中距離ミサイルを日本に配備すれば，中国本土への攻撃が可能になり，米軍にとって戦略上優位になります。

　米国は，日本全土に多数のミサイル発射拠点を分散配備することを計画しています。このような多数のミサイルの分散配備は，中国軍の標的を多くし，中国軍の軍事コストを高めるためであり，また中国軍の攻撃の際に日本のミサイルの残存数を増大するためです。米国の日本へのミサイル配備は，中国に対する抑止力になるというよりは，中国軍の標的を増やし，日本全土を戦争に巻き込みます。

　米軍の日本へのミサイル配備は，中国の武力行使を抑止する**仕掛け線**

図表 8-3 自衛隊のミサイル関連拠点

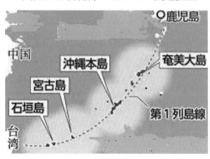

になるでしょうか？「台湾や日本に対する攻撃には米軍が関与する」という中国に対する米国の意思の伝達機能（シグナリング）を果たすことになるでしょうか。このような仕掛け線になれば，中国の武力行使に対する抑止力になる可能性があります。しかし，米国の新型中距離ミサイル配備に対抗して，中国はミサイル配備をさらに増強してくるでしょう。抑止力になると言うよりは，東アジアにおける戦争のリスクを高める軍拡競争を熾烈にするだけです。

３）自衛隊のミサイル配備

　日本政府は，台湾防衛を目的とした米国の対中軍事戦略に従い，与那国島・石垣島・宮古島・沖縄本島・奄美大島などの南西諸島に陸上自衛隊のミサイルを配備しています。南西諸島のミサイル基地は，日本防衛のためではなく，米国の対中軍事戦略を支援するためです。中国の軍艦や航空機を東シナ海に封じ込め，中国軍が太平洋側から台湾を攻撃するのを防ぐためです。

　日本は，南西諸島に地対艦ミサイル部隊（12 式地対艦誘導弾）の配備を進めてきました。陸上自衛隊は，ミサイル部隊を 2019 年に奄美大島，2020 年に宮古島，2023 年に石垣島に配備しました。こうしたミサイル配備の仮想敵国は中国です。米中戦争になれば，自衛隊は，輸送・弾薬

提供・燃料補給などの兵站支援も担うことになり，中国は，自衛隊のミサイル部隊や兵站部隊を攻撃します。

4）台湾有事は回避できるか

　日本は，台湾有事を回避するためにどうすべきでしょうか。中国包囲網のような外交政策では，台湾有事の際に戦争に巻き込まれ，日本の安全は守れません。台湾問題については，台湾有事にならないように，①台湾は独立しない，②米国は台湾の独立を承認しない，③中国は武力行使をしないという原則にたって，台湾・中国・米国の間に**相互拘束的な制度**を構築するように日本が外交において指導力を発揮すべきです。現状を変更しようとすれば，有事のリスクが高まります。現状を維持し，中国にも台湾にも不安や恐怖を与えないような台湾・中国・米国間の制度構築が重要になります。

❷　米国に見捨てられる不安

　日米同盟には，いざという時に日本が**米国に見捨てられる不安**があります。日本が挑戦国に武力行使されたときに，日米安全保障条約があっても，米国が日本を軍事支援しない可能性があります。米国に見捨てられないために，日本政府は，集団的自衛権の行使によって米国の軍事行動に積極的に協力することを求められます。このような状況で，米国が攻撃されたら，自衛隊は血を流さなければならない，というような政治家の発言が出てきます（伊藤ほか 2018: 163）。

　日本が挑戦国に武力攻撃されたとしても，米軍は日本を軍事支援するとは限りません。軍事支援のために米軍が出動するには，**米国議会の承認**が必要になるからです。米国議会の承認は，米国が同盟国の**戦争に巻き込まれるリスク**を回避するための措置です。2015 年の「日米防衛

図表 8-4 米国に見捨てられる不安

協力のための指針（ガイドライン）」では，日本に対する武力攻撃が発生した場合，日本が主体的にその攻撃を排除し，米軍は自衛隊を支援することになっています。また日米安保条約第5条では，日本の施政下において武力攻撃があった場合には，米国はその憲法上の規定や手続きに従って対処するとあります。米国憲法第1条8節によれば，米国議会が戦争を宣言する権限を持っています。米国議会は，自国の利益を優先して戦争をするか否かを判断します。日米安全保障条約があっても，米国の利益にならなければ，日本のために戦争することはありません。

　図表8-4は，第三国からの武力攻撃において，日本が米国から見捨てられる可能性を表しています。日本が，尖閣諸島のような領土問題で現状を変更しようとしているとしましょう。このとき，中国のような周辺諸国が，日本の現状変更に不満を抱き，日本に①武力行使するとします。日本は，この武力攻撃に応戦する一方で，日米安全保障条約にしたがって米国に対して②軍事支援を要請します。しかし，米国議会は米国の国益のために，中国との関係を重視し，日本の③軍事支援要請を断る（戦争に巻き込まれるリスクを回避する）可能性があります。

1）尖閣諸島問題

　尖閣諸島については，日本も中国もその領有権を主張しています（松井 2014，布施 2022: 285-286）。尖閣諸島は，中国にとって安全保障や海

洋資源の面で強い関心がある地域です。日本が尖閣諸島の現状を変更しようとすれば，中国は武力行使によってでもそれを阻止しようとするでしょう。

　尖閣諸島は，1895年以来，日本以外のどの国も領有権を主張することはなく，日本の領土でした。1952年のサンフランシスコ講和条約で沖縄が米軍の支配下に入ってからも，尖閣諸島は沖縄の一部です。1972年の沖縄返還に伴い，尖閣諸島も日本に帰属すべきです。日本の領有権は，歴史的にも国際法上も明白です。

　しかし1960年代末以降，尖閣諸島周辺に海洋資源が存在する可能性があることが国連によって確認されると，中国や台湾が突如として領有権を主張しはじめました（豊下・古関2014: 89）。さらに，2012年9月の日本政府による尖閣諸島の国有化の決定以降は，中国海警局の公船や民間の漁船が尖閣諸島周辺の日本領海への侵入を繰り返し，緊張を高めています。

2）米国の中立政策

　米国は，尖閣諸島の領有権について，日本や台湾との同盟関係や，中国との大国間関係を考慮し，「中立の立場」をとっています。1972年の沖縄復帰に際しても，尖閣諸島の日本の施政権を認めましたが，主権／領有権については中立の立場をとりました。

　2014年4月の日米首脳会談で，日米安保条約第5条は「尖閣諸島を含む日本の施政下にあるすべての領域に及ぶ」と明言されました。そのときの共同声明では「米国は，尖閣諸島に対する日本の施政を損なおうとするいかなる一方的な行動にも反対する」と明記されました（豊下・古関2014: 78-102）。この共同声明は，日本が米国から見捨てられる不安を取り除くものです。

　しかしその一方で，オバマ大統領は，安倍政権に尖閣問題の平和的解

決を強く望みました。日本がその外交努力をしないのであれば，仮に中国が尖閣諸島に武力侵攻しても，日米安保条約第5条の適用はしないとしました。これは，米国が日本の戦争に巻き込まれないための約束です。米国は，日本との同盟関係だけではなく，中国との大国間関係を考慮しながら日本の行動を支持するか否かを判断するでしょう。

3）外交的解決

　領土問題解決の基本は，武力紛争を回避し，現状を維持しながら外交的に解決することです。尖閣諸島は，日中双方が領有権を主張しています。この場合，現状維持（実効支配）で問題を先送りし，武力紛争を回避しながら外交的に解決することが重要になります。1970年代には，日本政府もこの立場をとっていました。現状維持で問題を先送りすることは，相手に不安や恐怖を与えることなく，軍事衝突を回避する有効な方法です。実効支配を長く続ければ，国際法的には有利になります。

　領土問題の背景に資源問題がある場合には，資源の国際管理に関係諸国で合意できれば，領有権の問題を先送りすることができ，武力紛争のリスクを回避できます。尖閣諸島近海における漁業資源については，日中漁業協定（1975年旧協定，2000年新協定）の遵守が重要になります。両国は，自国の漁船を取り締まり，相手国漁船については外交ルートを使って対処するのが適切な方法です。

　日中両国政府は，2014年11月に「**日中関係の改善に向けた話合い**」（外務省 Website）を行いました。この話合いで確認した方向で両国政府が対応することが重要です。「双方は，尖閣諸島等東シナ海域において近年緊張状態が生じていることについて異なる見解を有していることを認識し，対話と協議を通じて，情勢の悪化を防ぐと共に，危機管理メカニズムを構築し，不足の事態の発生を回避することで意見の一致」を見ました。

　中国の武力侵攻にはどう対処すべきでしょうか。尖閣諸島などの領土問題では，国際社会に日本の領土であることを機会があるごとに示すことです。国際社会の理解を得ながら，いざという場合には，国連の介入もあり得るという環境を整備しておくことが重要です。国際社会の理解を得られるような問題であれば，中国の武力侵攻があった場合には，躊躇なく報復が可能になり，国際社会の支援も期待できます。

いっそうの議論のために

問題1　日米同盟のジレンマについて，米軍の日本防衛と駐留を認めた日米安全保障条約（1951年締結，1960年改訂）をもとに考えてみましょう。

問題2　日本が戦争に巻き込まれるリスクについて，集団的自衛権との関係で具体的に考えてみましょう。

問題3　日本が米国に見捨てられる不安について，尖閣諸島問題における米国の中立政策との関係で考えてみましょう。

第1部　強制外交と安心供与の外交

第2部　安全保障は囚人のジレンマ

第3部　安全保障政策

第9章　北朝鮮の核開発への対応

―――――――――― この章の要点 ――――――――――

　この章では，北朝鮮の核開発問題を抑止論と安心供与論によって検討し，以下の点を明らかにします。

　① **北朝鮮の核開発危機**はこれまで3回起きています。1993年の第1次核危機，2003年の第2次核危機，2017年の第3次核危機です。米国は抑止論によって北朝鮮の非核化を試みてきましたが，北朝鮮は核開発を止めていません。

　② 米国の抑止論が北朝鮮の**非核化に失敗した理由**は以下の点にあります。核開発の威嚇によって北朝鮮が要求している体制保証に関わる問題（①朝鮮戦争の終戦宣言，②休戦協定の平和協定への転換，③米朝国交正常化など）を米国が解決しようとせず，経済制裁や軍事制裁の威嚇によって解決しようとしたからです。

　③ 北朝鮮の**核放棄を実現する**ためには，以下の点が重要です（安心供与論）。北朝鮮が核放棄した後に金正恩体制が破滅させられるかもしれないという不安や恐怖を，米国や国際社会がいかに取り除くことができるかということです。

Keywords　北朝鮮核危機　米朝枠組み合意　六カ国協議　制裁の信憑性　制裁能力　制裁の意思　核開発阻止の条件　ペリー政策　対話と圧力　核放棄　安心供与　自制の信頼性　自制の意思　安心供与の条件　相互拘束的な制度　武力行使の戦略的抑制

❶ 北朝鮮の核危機

　北朝鮮は，1970年代から原子力開発を本格化し，1980年代後半頃から核開発計画に着手したと言われています。北朝鮮の核開発の目的には次の点が指摘されています。軍事的には朝鮮半島に駐留する米軍への対抗です。政治的には米国との外交交渉において優位性を確保し，朝鮮戦争の終結・米朝平和協定の締結・米朝国交正常化を実現することです。米国は，北朝鮮の核開発に十分に対応できず，北朝鮮の核危機を招いてきました。

　北朝鮮の核危機はこれまで3回起きています。第1次北朝鮮核危機は1993年3月に発生し，1994年10月に米朝枠組み合意が行われました。第2次北朝鮮核危機は2003年1月に起き，6カ国協議が開催されました。2017年に米朝間の挑発の応酬から第3次北朝鮮核危機が起き，翌年6月にトランプ・金正恩の初の米朝首脳会談が開催されました。

1）第1次北朝鮮核危機

　国際原子力機関（IAEA）は，1993年2月，北朝鮮に対して核開発疑惑がある寧辺の原子力施設の特別査察を要求しました。これに対して北朝鮮は，特別査察の要求を不服とし，同年3月に核不拡散条約（NPT）の脱退を表明しました（第1次北朝鮮核危機）。この直後から米国は北朝鮮の核開発問題に積極的に関与し始めます。

　1994年10月，米朝間で寧辺の核施設の全面凍結に関する**米朝枠組み合意**が行われました。この枠組み合意において，北朝鮮は，核兵器開発につながる黒煙減速炉を凍結することを約束し，米国は，その代替として軽水炉型原発を提供し，軽水炉が完成するまでの代替エネルギーとして重油の供給を約束しました。この米朝枠組み合意によって，米国は，北朝鮮の核開発を段階的に放棄させようとしました。北朝鮮は，体制存

続のために原子力エネルギーを確保し，米朝関係正常化を促進しようとしました。しかし，この米朝枠組み合意はうまく機能しませんでした（Quinones 2000, 2003）。

2）第2次北朝鮮核危機

　ブッシュ政権は，2001年の9.11事件後，外交政策や核不拡散政策を大きく転換しました。2002年1月に，北朝鮮をイラン・イラクと共に「悪の枢軸」として名指しました。同年10月の米朝会談で米国は，北朝鮮のウラン濃縮型核開発を指摘し，核開発疑惑が表面化しました。北朝鮮は，2003年1月にNPT脱退を表明し，同年4月の米朝中協議において核開発を認めました。

　北朝鮮の核開発に関して，2003年8月に**六カ国協議**（北朝鮮・米国・中国・ロシア・日本・韓国の参加）が開催されます。この協議で，米国は核開発阻止，北朝鮮は米朝不可侵条約の締結を求めました。しかし2005年2月，北朝鮮は正式に核保有を宣言します。2005年9月の六カ国協議では，北朝鮮が核放棄を約束し，その見返りにエネルギー支援を得るという共同声明が出されました。しかし北朝鮮は，2006年10月に豊渓里で初の**核実験**を実施します。国連安保理は北朝鮮への制裁決議を全会一致で採択しました。2007年2月の六カ国協議で，寧辺の核関連施設を停止し，IAEAの監視を受け入れるという合意文書に北朝鮮は同意しましたが，この合意は実行されませんでした（石黒2019: 87-102）。

3）第3次北朝鮮核危機

　金正日が2011年12月に死去し，金正恩体制に代わりました。2012年2月，金正恩体制下で初めて，核実験と長距離ミサイル開発の凍結に関する米朝間の合意が行われました。しかし，2013年3月に北朝鮮は

原子炉の再稼働を宣言します。2017 年 7 月には，大陸間弾道弾（ICBM）
の試射に成功し，同年 9 月までに 6 回の核実験を行いました。これに対
して，トランプ大統領は国連演説で「北朝鮮の完全破壊」を警告しまし
た。米朝間で軍事的威嚇の応酬が行われ，第 3 次北朝鮮核危機が起きま
した。

　2018 年になると北朝鮮は，突如，対話路線に方針を転換します。金
正恩朝鮮労働党委員長は，3 月に中国の習近平国家主席と会談し，4 月
には核実験・ICBM 試射の中止と核実験場の廃棄を表明しました。文在
寅・金正恩の南北首脳会談では「完全な非核化」を目標とする**板門店宣
言**を出しました。この宣言で，韓国は北朝鮮に非核化を求め，北朝鮮は
朝鮮半島からの米軍の核兵器の撤去を求めました。

　2018 年 6 月，シンガポールでトランプ・金正恩の初の**米朝首脳会談**
が行われました。この会談の事前交渉では，①北朝鮮の非核化，②北朝
鮮の体制保証，③北朝鮮への制裁解除などの議題が示されました。北朝
鮮の非核化については，その期限と方法が問題になりました。北朝鮮の
体制保証については，朝鮮戦争の「終戦宣言」，休戦協定の平和協定へ
の転換，米朝国交正常化などの課題があげられました。北朝鮮への制裁
解除については，制裁解除の時期や経済協力などの問題が示されました。
しかしこれらの議題について，米朝間で合意は得られませんでした。

❷ 北朝鮮の非核化と抑止の失敗

　北朝鮮の核開発を巡る米朝交渉について**抑止論**によって検討しましょ
う。北朝鮮の選択肢は，核開発か非核化とします。米国の選択肢は，北
朝鮮の核開発を制裁するか，制裁せずにそれを容認するかです。制裁の
威嚇によって北朝鮮が非核化すれば，米国の抑止は成功したことになり
ます。非核化できなければ，米国の抑止は失敗です。

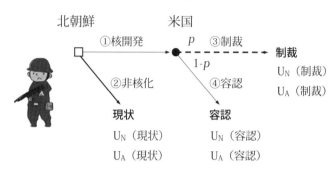

図表 9-1　抑止と北朝鮮の非核化

　図表 9-1 は抑止による北朝鮮の非核化について表します。最初に，北朝鮮 N が①核開発するか，②非核化かを決めます。北朝鮮が核開発しなければ，現状 / 非核化が維持されます。北朝鮮が核開発した場合には，米国 A は，それを③制裁するか，④容認するかを決めます。米国の制裁には経済制裁や軍事制裁の可能性があります。ここで，米国は，確率 p で制裁を実施し，確率 $1-p$ で核開発を容認するとします。

　制裁の確率（信憑性）p は，米国の**制裁能力**と**制裁の意思**によって決まります。制裁能力が大きく，制裁の意思が強いほど，制裁の確率 p は大きくなります。制裁の確率は，北朝鮮からすれば制裁の信憑性です。北朝鮮は，米国の強力な制裁能力と強い制裁の意思を確信すれば，それだけ制裁の信憑性が高いと予想します。

　この交渉では，北朝鮮と米国にとって，現状 / 非核化，容認，制裁の 3 つの結果が起きる可能性があります。このような結果に対する北朝鮮の選好順序（望ましさ）は，U_N（容認）＞ U_N（現状）＞ U_N（制裁）としましょう。北朝鮮は，現状を変えるために核開発によって威嚇しようとしているので，現状 / 非核化よりも，核開発に対する米国の容認を望むでしょう。さらに，米国に制裁されるよりは現状 / 非核化を望むとします。

　次に，米国の選好順序（望ましさ）はどうなるでしょうか。米国には

強硬派（タカ派）と和平派（ハト派）の2つのタイプがあるとします。どちらのタイプにとっても，現状／非核化が最善であるとします。制裁と容認の関係については2つのタイプで選好は異なります。以下では，北朝鮮の核開発の容認よりも制裁を望ましいと考えるタイプを強硬派とします。米国が強硬派である確率は p とします。他方，北朝鮮の核開発を制裁するよりも，核開発を容認する方が望ましいと考えるタイプを和平派とします。米国が和平派である確率は $1-p$ とします。

1）核開発阻止の条件

　米国の制裁の威嚇によって北朝鮮の核開発が阻止されるための**核開発阻止の条件**—抑止が成功する条件—について検討しましょう。北朝鮮が核開発せずに現状を維持する場合の利得は U_N（現状）です。他方，核開発する場合の利得は，$p U_N$（制裁）$+ (1-p) U_N$（容認）です。この第1項は，核開発した場合に，米国が制裁するときの利得です。第2項は，核開発した場合に，米国が容認するときの利得です。北朝鮮が現状を維持するのは以下のように，現状維持の利得が核開発の利得よりも大きい場合です。

$$U_N（現状）> p U_N（制裁）+ (1-p) U_N（容認）$$

これを書き換えれば，**核開発阻止の条件**が以下のように得られます。

$$p > \frac{U_N（容認）- U_N（現状）}{U_N（容認）- U_N（制裁）} \qquad \cdots (1)$$

不等式（1）の左辺の p は，北朝鮮に対する米国の**制裁の信憑性**を表します。制裁の信憑性 p が右辺の値より大きいほど，米国が制裁するという北朝鮮の信念は強くなります。制裁の信憑性 p が十分に大きい場合には，北朝鮮の核開発は阻止されます。右辺の分子は，核開発する場合の北朝鮮の利益です。核開発の利益が大きいほど，北朝鮮が核開発するインセンティブは大きくなります。右辺の分母は，核開発する場合

の北朝鮮の損失です。核開発の損失が大きいほど，北朝鮮が核開発する
インセンティブは小さくなります。

2）非核化に失敗した要因

　米国の抑止論による北朝鮮の非核化は明らかに失敗しました。米国は，
経済制裁の信憑性を十分に高めてきました。しかし，経済制裁を受けて
も北朝鮮の利得は，非核化を促すほどには減少しませんでした。また北
朝鮮は，非核化の便益を米国から十分に得られるとは期待していなかっ
たようです。北朝鮮の核開発阻止に米国が失敗した要因について見てい
きましょう。

　第1に，北朝鮮の核開発阻止の成否は**制裁の信憑性**に依存します。米
国の制裁の信憑性が十分に高い場合には，北朝鮮の核開発は阻止されま
す。逆に，その信憑性が低いと，北朝鮮は核開発を実施します。米国の
制裁の信憑性を北朝鮮は観察できないので，北朝鮮の選択は，米国の制
裁の信憑性について北朝鮮が持つ予想に依存します。

　米国が制裁の信憑性を高めるためには，北朝鮮に対する**シグナリング**
（情報伝達）が重要になります。米国の制裁に対する国際社会の支持，
特に国連安保理の制裁決議への支持は有効なシグナリングになります。
他方，中国やロシアが制裁に賛成しなければ，制裁の信憑性は低下します。

　北朝鮮は，経済制裁についてはこれまでの実績からその信憑性が十分
に高いと判断しています。しかし，軍事制裁については，制裁の信憑性
を必ずしも高いとは判断していない可能性があります。朝鮮半島有事を
想定した米韓合同作戦計画5027号（OPLAN 5027）や，戦略爆撃機（B1B）
が参加する米韓合同軍事演習は，軍事制裁の信憑性を高めるシグナリン
グです。しかし北朝鮮は，核兵器やミサイルの開発によって軍事的対抗
手段を強化し，米国の軍事制裁の可能性を排除しようとしています。

　第2に，北朝鮮が制裁を受けた場合の**制裁の利得** U_N（制裁）が低い

ほど，核開発が阻止される可能性は高まります。**ペリー政策**（1999 年）の基本は**対話と圧力**でした（Perry 1999）。北朝鮮への圧力は，非核化に応じなければ，その脅威を封じ込める，すなわち制裁によって北朝鮮の利得を低下させるというものです。核開発に対する経済制裁は，核開発のインセンティブを低下させます。しかし，中国やロシアなどが抜け穴を提供すれば，制裁の効果は低下します。経済制裁は，核開発阻止には有効に機能してきませんでした。

　北朝鮮の制裁の利得 U_N（制裁）を小さくするために，**軍事制裁**の可能性も検討されてきました。第 1 次北朝鮮核危機の際には，核施設へのピンポイント爆撃が議論されました。米国防総省の東アジア戦略報告では，北朝鮮が米朝枠組み合意に違反すれば，軍事能力で対抗することを明記していました。しかし，軍事制裁は実施されていません。軍事制裁は，米国にとっても大きな政治的コスト—国内や国際社会の批判—がかかるからです。

　第 3 に，北朝鮮の**現状の利得** U_N（現状）が大きいほど，北朝鮮が非核化する可能性は高まります。制裁を受けるよりも，現状維持／非核化の方が北朝鮮には望ましいからです。ペリー政策の対話は，北朝鮮が非核化に応じれば，経済制裁を解除し，関係正常化を進めるというものです。米国は，現状維持の利得を高めることによって，核開発を阻止することもできました。

　北朝鮮の核開発の目的は，朝鮮戦争の終結や平和協定の締結および米朝国交正常化などによって金正恩体制を維持することです。かつての米朝枠組み合意（1994 年）のように，米国が北朝鮮の要求を受け止め，国際社会が金正恩体制の存続を保証するのは 1 つの選択でした。しかし，米国も国際社会も，非核化の利益（不安や恐怖の排除）を北朝鮮に与えることを十分に検討してきませんでした。

第1部　強制外交と安心供与の外交

第2部　安全保障は囚人のジレンマ

第3部　安全保障政策

❸　北朝鮮の核放棄と安心供与

　抑止論による北朝鮮の核放棄は，現在，有効に機能していません。**安心供与論**によってこの問題を検討しましょう。北朝鮮 N の選択肢は，核開発を放棄するか継続するかとします。米国 A の選択肢は，北朝鮮が核放棄した場合に，強制力の行使を自制するか，あるいは強制力を行使するかです。北朝鮮が核放棄をすれば，安心供与の外交は成功です。

　図表 9-2 は安心供与による北朝鮮の核放棄について表します。最初に北朝鮮が，①核放棄するか，②核放棄の要求を拒否するかを決めます。北朝鮮が要求を拒否すれば，米国が武力行使し，米朝間で戦争が起きるとします。北朝鮮が核放棄する場合には，米国は，③強制力行使を自制するか，④強制力を行使するかを決めます。ここで米国は，確率 q で強制力の行使を自制し，確率 $1-q$ で強制力を行使するとします。

　強制力行使の**自制の信頼性** q は，米国の**強制力**（軍事能力）と**自制の意思**によって決まります。米国の軍事能力が小さく，自制の意思が強いほど，強制力行使の自制の信頼性 q は大きいと，北朝鮮は予想するでしょう。米国の軍事能力が十分に大きいとすれば，米国の自制の意思が重要になります。

　安心供与とは，米国が強制力の行使を自制するという約束／安心を北朝鮮に与えることによって，核放棄という米国の要求（米国の不安や恐怖の排除）を北朝鮮に受諾させることです。米国の強制力行使による破滅を恐れる北朝鮮に対して，その恐怖を取り除くことによって北朝鮮の核放棄を促す政策です。安心供与論は，ペリー政策の対話を重視した政策ですが，核放棄に応じなければ戦争も辞さないという意味では，圧力を軽視したものではありません。

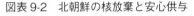

図表 9-2　北朝鮮の核放棄と安心供与

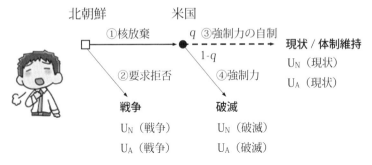

1）北朝鮮の不安

　北朝鮮の破滅の不安／恐怖の背景には，イラク・リビア・ウクライナなどの教訓があります。9.11 テロ事件後，米国は**ブッシュ・ドクトリン**を採用しました。これは，テロリストや大量破壊兵器を保有しようとする「ならず者国家」に対して，米国が自衛のために先制攻撃を可能にするものです。

　2003 年 3 月に開始された米英のイラク戦争は，独仏が反対する中でこのブッシュ・ドクトリンをもとに行われました。リビアは，2003 年12 月に核廃棄を宣言しましたが，2011 年 10 月に NATO の軍事支援を受けた反政府勢力によってカダフィ大佐が暗殺されました。ウクライナは，1994 年 12 月に**ブダペスト覚書**によって核廃棄に合意しましたが，2014 年 2 月にロシアに侵攻されました。ブダペスト覚書ではウクライナが侵略された場合には，米英はウクライナを支援することになっていましたが，この年のロシア侵攻に米英の実質的な軍事支援はありませんでした（小泉 2022: 132）。

　安全保障について北朝鮮には以下のような判断があります。通常戦力では米国・韓国と対等に戦うのは不可能である。イラク・リビアの教訓として米国の強制力行使の脅威には核戦力で対抗するしかない（『労働新聞』2013 年 12 月 2 日付）。核兵器やミサイルを保有していれば，米

国からの一方的な攻撃を回避できる。核兵器を保有していれば，朝鮮半島有事の際には日本の米軍基地を一瞬にして破壊することができる（『労働新聞』2016年3月10日付，半田2021: 248-251）。

2）安心供与の条件

　この米朝交渉では，北朝鮮と米国には3つの結果が起きる可能性があります。1つは，北朝鮮が核放棄せずに核開発を継続し，米国と戦争になる場合です。次に北朝鮮が核放棄した後に，米国が強制力を自制し，北朝鮮の体制が維持される場合です。最後は，北朝鮮が核放棄した後に，米国が強制力を行使する場合です。核放棄後の米国の強制力行使の可能性は，リビアやウクライナの場合を考慮すれば，排除できません。

　北朝鮮の選好順序（望ましさ）を U_N（現状）> U_N（戦争）> U_N（破滅）とします。すなわち，北朝鮮にとって，現状の体制維持が最善で，破滅が最悪とします。現状の体制維持は，核放棄後に米国が強制力行使を自制した場合に実現できます。核放棄後に米国が強制力を行使すると，北朝鮮は破滅します。もし北朝鮮にとって U_N（戦争）が最善の場合には，米国が強制力行使の自制を約束しても，その要求を拒否するので，安心供与はできません。他方，もし U_N（戦争）が最悪の場合には，米国が強制力行使を自制するという約束をしなくても，米国の要求を北朝鮮が受諾することになり，安心供与は不要になります。

　米国の選好順序（望ましさ）はどうなるでしょうか。米国には**強硬派**（タカ派）と**和平派**（ハト派）の2つのタイプがあります。どちらのタイプにとっても，U_A（戦争）が最悪であるとします。というのは，図表9-2を見ると，戦争の場合には北朝鮮は核兵器を保有していますが，破滅の場合には北朝鮮は既に核兵器を放棄しているからです。

　核放棄後に強制力を自制する場合（北朝鮮の体制維持）と強制力を行使する場合（北朝鮮の破滅）の関係については2つのタイプで選好は異

なります。以下では，北朝鮮の体制維持よりもその破滅を望ましいと考えるタイプを強硬派とします。米国が強硬派である確率は1-qとします。他方，北朝鮮の破滅よりもその体制維持を望ましいと考えるタイプを和平派とします。米国が和平派である確率はqとします。

　北朝鮮に核放棄の要求を受諾させるための**安心供与の条件**について検討しましょう。北朝鮮が米国の要求を拒否し戦争する場合，北朝鮮の利得はU_N（戦争）です。他方，北朝鮮が要求を受諾する場合の利得は，qU_N（現状）＋(1-q) U_N（破滅）です。この第1項は，受諾した場合に，米国が強制力を自制する場合の利得です。第2項は，受諾した後に米国が強制力を行使する場合の利得です。北朝鮮が米国の要求を受諾するのは，以下のように，受諾する場合の利得が拒否する場合の利得より大きい場合です。

$$qU_N（現状）＋(1-q) U_N（破滅）＞ U_N（戦争）$$

これを書き換えれば，**安心供与の条件**が以下のように得られます。

$$q ＞ \frac{U_N（戦争）－U_N（破滅）}{U_N（現状）－U_N（破滅）} \qquad \cdots (2)$$

　安心供与が成功するためには，不等式（2）の左辺の米国の強制力行使の**自制の信頼性**qが右辺の値よりも十分に大きいことが必要になります。自制の信頼性qが高いほど，米国が強制力行使を自制するという北朝鮮の信念は強くなります。

3）核放棄を誘導する要因

　安心供与の条件（2）式をもとに核放棄を誘導する要因について検討しましょう。

　第1に，安心供与の成否は強制力行使の**自制の信頼性**qに依存します。米国の強制力行使の自制の信頼性が高いほど，安心供与は成功します。自制の信頼性qは米国の軍事能力と自制の意思に依存します。米国が

北朝鮮制裁の軍事能力を増強すれば，自制の信頼性は低下し，安心供与は失敗します。

　米国の自制の信頼性を高めるためには，米国の武力行使を戦略的に抑制する**相互拘束的な制度**の構築，例えば六カ国協議のような制度が重要になります。北朝鮮は，米国による恣意的な軍事能力の行使に対して制約を課すことを強く望みます。他方，米国にとっては，制度構築の便益が，武力行使の便益よりも大きいかどうかが重要になります。米国は，北朝鮮に対する武力行使のコストが十分に大きくなれば，北朝鮮の譲歩的な行動と引き換えにルールに基づく制度の構築に向かう可能性があります。

　第2に，米国の核放棄の要求を拒否し戦争になった場合に，北朝鮮の**戦争の利得** U_N（戦争）が小さいほど，安心供与は成功します。米国の要求を拒否して戦争しても，その戦争で得られる利益が少なければ，北朝鮮は要求を拒否しないでしょう。安心供与の外交でも，要求を拒否した場合の圧力は重要です。反対に，戦争の利得 U_N（戦争）が大きいと，北朝鮮は米国の要求を拒否することになります。北朝鮮は，核兵器やミサイルの開発によって米朝戦争に備え，戦争になっても利得が減少しないように準備するでしょう。

　第3に，北朝鮮の**体制維持の利得** U_N（現状）が大きいほど，安心供与は成功します。米国は，北朝鮮の要求受諾の利得を高めることによって，安心供与を成功させることができます。北朝鮮の核開発の目的は，朝鮮戦争の終結や平和協定の締結および米朝国交正常化などによって金正恩体制を維持することです。米国が終戦協定や平和協定を締結し，金正恩体制の存続を保証すれば，体制維持の利得 U_N（現状）は増大します。

4）北朝鮮の体制維持と核開発

　なぜ北朝鮮は核開発をするのでしょうか。この点を議論しないと北朝

図表9-3　北朝鮮の要求と核開発

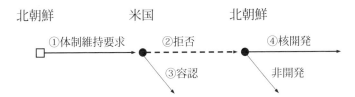

鮮の非核化は解決できません。北朝鮮の核開発は，軍事的には米国の核の脅威に対する抑止力であり，政治的には米国との外交交渉において優位性を確保するためです。

　朝鮮半島は，1948年9月の朝鮮民主主義人民共和国の建国，1950年6月の朝鮮戦争以降，南北に分断されています。1953年7月の休戦協定締結以降も，北朝鮮は半世紀以上にわたって米国の核の脅威に晒されてきました。米国には，イラン・北朝鮮の核関連施設を破壊する目的で，核兵器の使用を許可する軍事準備計画（CONPLAN8022-02）があります。北朝鮮の核開発は，このような米国の核の脅威に対する軍事的な抑止力です。

　北朝鮮は，米国に対して朝鮮戦争の終戦協定の締結，米朝平和協定の締結，米朝国交正常化など金正恩体制存続の保証に関わる要求をしてきました。しかし，これらの北朝鮮の要求は，トランプ・金正恩首脳会談でも議題にはあがってきましたが，米国によって拒否されてきました。

　図表9-3は北朝鮮の体制維持の要求と核開発との関係を表します。北朝鮮は，米国に終戦協定・平和協定・米朝国交正常化などの①体制維持の要求をしてきました。しかし米国は，北朝鮮のこれらの要求を②拒否してきました。米国のこのような対応に対して，北朝鮮は，④核開発によって威嚇し，要求を認めさせようとしています。このような関係の中で，北朝鮮に体制維持の枠組みを提供しなければ，北朝鮮の核開発問題は解決しません。

第1部　強制外交と安心供与の外交

第2部　安全保障は囚人のジレンマ

第3部　安全保障政策

　従来の議論は，図表9-3の④核開発の部分しか議論されていません。北朝鮮の核開発は，イラクやリビアのように米国に攻撃され，指導者が殺害されたことを教訓にした北朝鮮の抑止力です（『労働新聞』2013年12月2日付）。図表9-3の①体制維持要求と③容認の部分に米国が向き合うことによって，北朝鮮の核開発問題は一気に解決する可能性があります（McCormac 2004）。

　このような北朝鮮の要求に対する米国の容認には，1938年のミュンヘン協定によってドイツの侵略戦争を容認することになったという「歴史の教訓」を理由に反対する意見がでることが予想されます。その歴史の教訓とは，独裁者とは交渉せず，その要求を認めないというものです。確かに，金正恩とヒトラーは独裁者かもしれません。しかし，両者の要求は根本的に異なります。北朝鮮は，体制維持を望んでいるに過ぎず，核兵器やミサイルによって領土拡大や侵略戦争をしようとしているわけではありません。

5）日本の不安

　北鮮朝の核開発に対する日本の不安はどこからくるのでしょうか？日本が北朝鮮に不安を感じるのは，両国の間に信頼関係がないからです。戦争は，軍事能力と戦争の意思によって可能になります。軍事能力があっても，戦争の意思がなければ脅威にはなりません。北朝鮮の脅威は，北朝鮮の核兵器やミサイルのような軍事能力ではありません。日本を攻撃する意思があると感じるからです。信頼関係は外交（対話）によって構築されます。外交や信頼関係がないまま，北朝鮮に対する圧力だけで臨むのは問題の解決にはなりません（伊藤ほか2018: 26）。

　日本は，朝鮮半島有事に巻き込まれるリスクがあります。米国との敵対関係の中で，北朝鮮には，在日米軍が北朝鮮を攻撃するかもしれないという不安や恐怖があります。北朝鮮はこれまで，日本を標的にミサイ

ルを発射したことはありません。しかし，在日米軍が北朝鮮を攻撃する
かもしれないと信じれば，その前に日本の米軍基地を攻撃する可能性は
あります。

いっそうの議論のために

問題1　北朝鮮の核開発問題について，抑止論による非核化政策と，
安心供与論による核廃棄政策を比較してみましょう。

問題2　米国が北朝鮮の非核化になぜ失敗したかについて，抑止論
によって具体的に考えてみましょう。

問題3　北朝鮮の核放棄を実現するための課題について，安心供与
論によって具体的に考えてみましょう。

あとがき

　本書の執筆によって，私は若い頃にやり残した「戦争と平和」に関する宿題をやっと少しだけやり終えた。

　今から50年ほど前の学生時代に，私は平和サークルに入って核兵器禁止のための活動をしていた。非核三原則と被爆者支援がサークルの活動指針だった。毎月6日と9日には，大学近くの駅前に立って核兵器禁止の署名と募金を集めていた。当時は，夕方の1時間ほどで数十人の署名と数千円の募金があったように思う。

　被爆30周年の1975年には原水爆禁止の国民平和行進にも参加した。6月初旬に北海道の稚内を出発し，7月には東北地方を回り，8月に終点の東京大田区総合体育館で集会に参加した。その後，広島・長崎の原水爆禁止世界大会にも参加した。手元にある当時の行動日誌をこの機会に読み返してみた。

　北海道や東北地方の平和団体や教職員・自治体職員の労働組合の人たちといっしょに多くの市町村を行進した。平和行進の第一歩は，稚内高校の29歳の佐藤先生といっしょだった。行進の際には，沿道の一軒一軒を回り署名と募金を集めた。国民平和行進とはいえ，真夏の炎天下を3人で歩いたこともあった。

　沿道の市町村の首長にも核兵器禁止の賛同を得るために挨拶に行った。保守的な首長たちも署名や募金には応じてくれた。しかし，「頑張って下さい。ただ，あなた方の運動はどれだけ意味がありますか」と問われた時に，当時の私には何も返す言葉がなかった。その後は歩きながら，情けない思いでいっぱいだった。

　平和行進の一日は朝から夜まで予定が続いた。夕方には，地域の学習会や集会に参加した。この年に完成した原爆記録映画「ノーモアヒロシマ」やベトナム戦争の映画などを見て，疲れた気分を高揚させた。夜は

地元の平和活動家の自宅に泊めてもらい，深夜まで話し込んだ。時には北海道産の毛ガニで歓迎を受けたこともあった（感謝！）。

　街宣車の屋上から核兵器廃絶を訴えたのは，この平和行進の時が初めてだった。当時，シュレジンジャー米国防長官が「日本と韓国の防衛に核兵器の使用もあり得る」と発言していた。これは「日本の平和運動に対する挑戦だ」と心の中で思ったけど，街宣車からうまく訴えることはできなかった。ただ，緊張してマイクを握る手が震えていたのはよく覚えている。

　平和行進が終わった翌年，晩年の平野義太郎先生（法学者）の平和学校にも参加した。当時の写真を見ると，いっしょに参加していた若い仲間がたくさん写っている。最近では平和集会の参加者も高齢者が多く，若い人をあまり見かけない。私と同世代の人たちが，若いときに平和運動に参加し，そのまま高齢者になった感じである。

　あれから40年以上もたった2017年7月に，核兵器禁止条約が国連総会で採択された。この国連採択を聞いたとき，学生時代の平和行進を思い出した。あのときの平和行進は，世界中の人びとに引き継がれて，「大きな意味があった」のだと。残念ながら，被爆国日本の政府は，国連総会において核保有国といっしょに反対票を投じ，この条約に今も署名していない。

　学生時代の核抑止や抑止論についての私の理解は，「抑止論は戦争のリスクを高める。戦争はいやだ。核戦争なんて想像しただけで怖い」といった心情的なものだった。こうした気持ちは，平和を訴えたり，平和運動を広げたりする際にはとても大事だと思う。しかしこれだけでは，自分で理論的に納得したり，人に説明したりすることはできない。

　安心供与論についても，当時はこの言葉を聞いた覚えさえない。その後，文献で読んだ時にも，「安心供与論は理想だけど，現実には不可能ではないか…」といった思いがあった。そうしたモヤモヤ感を少し解消してくれたのは，本書でも引用した石田淳さんのゲーム理論を応用した

論文（石田 2010）だった。ビール好きの石田さんには，渋谷のビアハウスで本書の草稿に貴重なコメントをもらうことができた。

「戦争と平和」の本書の取扱説明書は，簡単なゲーム理論によって書かれている。ゲーム理論の仮定は合理的なプレイヤー（国家）である。合理的な国家が安全保障のジレンマに陥り，軍拡競争をして戦争のリスクを高めている。これは何かおかしいように思う。

ゲーム理論に問題があるのだろうか，それとも現実の国家の選択に問題があるのだろうか。合理的なプレイヤーの仮定は批判的に検討され（アマティア・セン『合理的な愚か者』1989 年），この間，行動経済学などによって再検討が進められている。抑止論に執着する国家の選択についても，早急に再検討する時期に来ているように思う。

抑止論を批判し，それに代わる理論をどのように構築するかが問題である。抑止論に代わる安心供与論を，抑止論と同じ理論的な土俵で示すことが，とりあえずは重要である。そうでなければ，抑止論を乗り越えることはできないだろう。

本書では，合理的な国家の仮定は維持しながら，さらにリアリズムやリベラリズムのような欧米の支配的な国際政治学や安全保障論の土俵で議論している。その上で，相互拘束的な制度の構築によって「抑止から安心供与の外交へ」の転換を検討した。

ウクライナ戦争やパレスチナ・イスラエル紛争という世界の戦争の現実を前にすると，「戦争と平和」に関する私の宿題はまだ終わっていないようだ。学生時代にやり残した宿題の残りは，古希を迎えてこれから手をつけることになりそうである。

【参考文献】

Axelrod, R.（1984）*The Evolution of Cooperation*, New York: Basic Books（松田裕之訳『つきあい方の科学―バクテリアから国際関係まで』HBJ 出版, 1987 年）.

Blattman, C.（2022）*Why We Fight: The Roots of War and the Paths to Peace*, New York: Brockman（神月謙一訳『戦争と交渉の経済学―人はなぜ戦うのか』草思社, 2023 年）.

Boulding, K.（1990）*Three Faces of Power*, London: Sage Publications（益戸欽也訳『21 世紀 権力の三つの顔』産能大学出版部, 1994 年）.

Brams, J.（1985）*Rational Politics: Decision, Games, and Strategy*, London: Academic.

Clausewitz, C.（1832）*Vom Kriege*, Dümmler: Berlin（篠田英雄訳『戦争論』岩波書店, 1968 年）.

Daalder, I. and J. Lindsay（2022）"Why Putin Underestimated the West: And How to Sustain Its Newfound Unity," *Foreign Affairs*, April 7.

Easton, D.（1953）*The Political System: An Inquiry into the State of Political Science*, New York: Alfred A. Knopf（山川雄巳訳『政治体系―政治学の状態への探求 第二版』ぺりかん社, 1976 年）.

Enders W. and T. Sandler（2006）*The Political Economy of Terrorism*, Cambridge: Cambridge University Press.

Fearon, J.（1994）"Domestic Political Audiences and Escalation of International Disputes," *American Political Science Review*, 88（3）: 577-592.

Fearon, J.（1995）"Rationalist Explanations for War," *International Organization*, 49（3）: 379-414.

Glaser, C.（1994/95）"Realists as Optimists: Cooperation as Self-help," *International Security*, 19（3）: 50-90.

Guala, F.（2016）*Understanding Institutions*, Princeton: Princeton University Press（瀧澤弘和監訳『制度とは何か―社会科学のための制度論』慶應義塾大学出版会, 2018 年）

Ho, B.（2021）*Why We Trust: An Economist's Guide to the Ties that Bind Us*, New York: Columbia University Press（庭田よう子訳『信頼の経済学―人類の繁栄を支えるメカニズム』慶應義塾大学出版会, 2023 年）.

Ikenberry, J.（2006）*Liberal Order and Imperial Ambition: Essays on American Power and World Politics*, Cambridge: Polity Press（細谷雄一監訳『リベラルな帝国か秩序か―アメリカと世界秩序の行方 上下』勁草書房, 2012 年）.

Jervis, R.（1978）"Cooperation under Security Dilemma," *World Politics*, 30（2）: 167-214.

Jervis, R.（1982）"Security Regimes," *International Organization*, 36（2）: 357-378.

Jervis, R.（1999）"Realism, Neoliberalism, and Cooperation: Understanding the Debate," *International Security*, 24（1）: 42-63.

Kaldor, M.（1999）*Old and New Wars: Organized Violence in Global Era*, London: Polity Press（山本武彦・渡部正樹訳『新戦争論―グローバル時代の組織的

暴力』岩波書店，2003 年）．

Keohane, R.（1984）*After Hegemony: Cooperation and Discord in the World Political Economy*, Princeton: Princeton University Press（石黒馨・小林誠訳『覇権後の国際政治経済学』晃洋書房，1998 年）．

Keohane, R. and J. Nye（1977）*Power and Interdependence*, Boston: Little Brown（滝田賢治監訳『パワーと相互依存』ミネルヴァ書房，2012 年）．

Krasner, S. ed.（1983）*International Regimes*, Ithaca: Cornel University Press（河野勝監訳『国際レジーム』勁草書房，2020 年）．

Kydd, A.（2000）"Trust, Reassurance, and Cooperation," *International Organization*, 54（2）: 325-357.

Kydd, A.（2005）*Trust and Mistrust in International Relations*, Princeton: Princeton University Press.

Kydd, A.（2015）*International Relations Theory: The Game-Theoretic Approach*, Cambridge: Cambridge University Press.

Lobell, S.（2010）"Structural Realism/ Offensive and Defensive Realism," *International Studies*, https://doi.org/10.1093/acrefore/9780190846626.013.304.

McCormack, G.（2004）*Target North Korea: Pushing North Korea to the Brink of Nuclear Catastrophe*, New York: Nation Books（吉永ふさ子訳『北朝鮮をどう考えるのか—冷戦のトラウマを越えて』平凡社，2004 年）．

Mearsheimer, J.（2001）*The Tragedy of Great Power Politics*, New York: W. W. Norton & Company（奥山真司訳『大国政治の悲劇—米中は必ず衝突する！』五月書房，2007 年）．

Montgomery, B.（2006）"Breaking Out of the Security Dilemma: Realism, Reassurance and the Problem of Uncertainty," *International Security*, 31（2）: 151-185.

Morrow, J.（1994）*Game Theory for Political Scientists*, Princeton: Princeton University Press（石黒馨監訳『政治学のためのゲーム理論』勁草書房，2016 年）．

Nye, J.（2004）*Soft Power: The Means to Success in World Politics*, Bethesda: Sagalyn Literary Agency（山岡洋一訳『ソフトパワー—21 世紀国際政治を制する見えざる力』日本経済新聞社，2004 年）．

Nye, J. and, D. Welch（2017）*Understanding Global Conflict and Cooperation: An Introduction to Theory and History*, 10th ed., New York: Pearson（田中明彦・村山晃嗣訳『国際紛争—理論と歴史 原書第 10 版』有斐閣，2017 年）．

Osgood, C.（1962）*An Alternative to War or Surrender*, Urbana: University of Illinois Press.

Ostrom, E.（1990）*Governing the Commons: The Evolution of Institutions for Collective Action*, Cambridge: Cambridge University Press（原田禎夫・齋藤暖夫・嶋田大作訳『コモンズのガバナンス—人びとの協働と制度の進化』晃洋書房，2022 年）．

Perry, W.（1999）*Review of United States Policy toward North Korea: Findings and Recommendations*, October 12（http://usembassy.state.gov/posts/

ja1/www3118.txt）．

Powell, R.（2002）"Bargaining Theory and International Conflict," *Annual Review of Political Scientist*, 5: 1-30.

Powell, R.（2006）"War as a Commitment Problem," *International Organization*, 60 (1)：169-203.

Quinones, K.（2000）*North Korea's Nuclear Threat: "Off the Record" Memories*（山岡邦彦・山口瑞彦訳『北朝鮮―米国務省担当官の交渉記録』中央公論新社，2000年）．

Quinones, K.（2003）*Beyond Negotiation: Implementation of the Agreed Framework*（山岡邦彦・山口瑞彦訳『北朝鮮Ⅱ―核の秘密都市寧辺を往く』中央公論新社，2003年）．

Rapoport, A. and A. Chammah（1965）*Prisoner's Dilemma: A Study in Conflict and Cooperation*, Ann Arbor: University of Michigan Press（廣松毅・平山朝治・田中辰雄訳『囚人のジレンマ―紛争と協力に関する心理学的研究』啓明社，1983年）．

Rosecrance, R.（1986）*The Rise of the Trading State*, New York: Basic Books（土屋政雄訳『新貿易国家論』中央公論社，1987年）．

Russett, B.（1983）*The Prisoners of Insecurity; Nuclear Deterrence, The Arms Race, and Arms Control*, New York: Freeman and Company（鴨武彦訳『安全保障のジレンマ―核抑止・軍拡競争・軍備管理をめぐって』有斐閣，1984年）．

Schelling, T.（1960）*The Strategy of Conflict*, Cambridge: Harvard University Press（河野勝監訳『紛争の戦略―ゲーム理論のエッセンス』勁草書房，2008年）．

Schelling, T.（1966）*Arms and Influence*, London: Yale University Press（齋藤剛訳『軍備と影響力―核兵器と駆け引きの理論』勁草書房，2018年）．

Slantchev, B.（2011）*Military Threats: The Costs of Coercion and the Price of Peace*, Cambridge: Cambridge University Press.

Snyder, G.（1961）*Deterrence and Defense: Toward a Theory of National Security*, Princeton: Princeton University Press.

Snyder, G.（1997）*Alliance Politics*, Ithaca: Cornell University Press.

Stein, J.（1991）"Reassurance in International Conflict Management," *Political Science Quarterly*, 106 (3)：431-451.

Taylor, M.（1987）*Possibility of Cooperation: Studies in Rationality and Social Change*, Cambridge: Cambridge University Press（松原望訳『協力の可能性―協力，国家，アナーキー』木鐸社，1995年）．

Waltz, K.（1979）*Theory of International Politics*, New York: McGraw Hill（河野勝・岡垣知子訳『国際政治の理論』勁草書房，2010年）．

Wolfers, A.（1952）"'National Security' as an Ambiguous Symbol," *Political Science Quarterly*, 67 (4)：481-502.

Zagare, F. and M. Kilgour（1993）"Asymmetric Deterrence," *International Studies Quarterly*, 37: 1-27.

Zagare, F. and M. Kilgour（2000）*Perfect Deterrence*, Cambridge: Cambridge

University Press.

五十嵐元道（2023）『戦争とデータ―死者はいかに数値となったか』中央公論新社。

石黒馨（2007）『入門・国際政治経済の分析―ゲーム理論で解くグローバル世界』勁草書房。

石黒馨（2010）『インセンティブな国際政治学―戦争は合理的に選択される』日本評論社。

石黒馨（2019）『グローバル政治経済のパズル―ゲーム理論で読み解く』勁草書房。

石黒馨（2023）「限定戦争とエスカレーション―ロシア・ウクライナ戦争の分析」日本国際政治学会 2023 年度研究大会報告論文。

石田淳（2010）「外交における強制の論理と安心供与の論理」鈴木豊編『ガバナンスの比較セクター分析―ゲーム理論・契約理論を用いた学際的アプローチ』法政大学出版会。

石田淳（2013）「対外政策の選択」中西寛・石田淳・田所昌幸『国際政治学』有斐閣。

石田淳（2021）「同盟のゲーム理論分析―事前協議制と安心供与」鈴木基史・飯田敬輔編『国際関係研究の方法―解説と実践』東京大学出版会。

石田淳（2023）「防衛行動の予見可能性」『世界』2023 年 5 月号。

伊藤真・神原元・布施祐仁（2018）『9 条の挑戦―非軍事中立戦略のリアリズム』大月書店。

岡野八代・志田陽子・布施祐仁・三牧聖子・望月衣塑子（2023）『日本は本当に戦争に備えるのですか？―虚構の「有事」と真のリスク』大月書店。

小泉悠（2022）『ウクライナ戦争』筑摩書房（ちくま新書）。

阪田雅裕（2016）『憲法 9 条と安保法制―政府の新たな憲法解釈の検証』有斐閣。

豊下楢彦・古関彰一（2014）『集団的自衛権と安全保障』岩波書店。

長谷部恭男・杉田敦編（2015）『安保法制の何が問題か』岩波書店。

長谷部恭男編（2016）『安保法制から考える憲法と立憲主義・民主主義』有斐閣。

半田滋（2021）『変貌する日本の安全保障』弓立社。

東大作（2010）『我々はなぜ戦争をしたのか―米国・ベトナム 敵との対話』平凡社。

布施祐仁（2022）『日米同盟・最後のリスク―なぜ米軍のミサイルが日本に配備されるのか』創元社。

松井芳郎（2014）『国際法学者がよむ尖閣問題―紛争解決への展望を拓く』日本評論社。

松井芳郎（2018）『武力行使禁止原則の歴史と現状』日本評論社。

宮台真司（1989）『権力の予期理論―了解を媒介にした作動形式』勁草書房。

山岸俊男（1998）『信頼の構造―こころと社会の進化ゲーム』東京大学出版会。

山岸俊男（2000）『社会的ジレンマ―「環境破壊」から「いじめ」まで』PHP。

著者紹介

石黒 馨（いしぐろ　かおる）

1954 年　愛知県に生まれる

1985 年　神戸大学大学院経済学研究科博士課程修了

現　在　神戸大学大学院経済学研究科教授を経て，

　　　　神戸大学名誉教授，Peace with Development 主催

専　攻　国際政治経済学，博士（経済学）

著訳書　『国際政治経済の理論』（勁草書房，1998 年）

　　　　『開発の国際政治経済学』（勁草書房，2001 年）

　　　　『入門・国際政治経済の分析』（勁草書房，2007 年）

　　　　『インセンティブな国際政治学』（日本評論社，2010 年）

　　　　『国際経済学を学ぶ』（ミネルヴァ書房，2012 年）

　　　　『国際貿易交渉と政府内対立』（勁草書房，2017 年）

　　　　『グローバル政治経済のパズル』（勁草書房，2019 年）

　　　　『サムナンと学ぶ SDGs の経済学』（晃洋書房，2021 年）

　　　　『覇権後の国際政治経済学』（共訳，晃洋書房，1998 年）

　　　　『政治学のためのゲーム理論』（監訳，勁草書房，2016 年）など。

ハマる戦争に，逃げる平和
―抑止から安心供与の外交へ―

2024 年 2 月26日　初版第 1 刷発行

2024 年 3 月25日　初版第 2 刷発行

著　者　石黒　馨

発行者　浜田 和子

発行所　株式会社 本の泉社

　　　　〒112-0005 東京都文京区水道2-10-9板倉ビル 2 階

　　　　TEL.03-5810-1581　FAX.03-5810-1582

印刷・製本　ティーケー出版印刷

ＤＴＰ　木椋 隆夫